Récoltes verticales

Poésies 1999-2002

Édition : BoD - Books on Demand
Impression : BoD - Books on Demand, Norderstedt, Allemagne
©Autoéditions – Marcel NUSS
Dépôt légal : avril 2022
Couverture : Jill NUSS
ISBN : 9782322387878

Le Code de la propriété intellectuelle n'autorisant, aux termes des paragraphes 2 et 3 de l'article L. 122-5, d'une part, que les « copies ou reproductions strictement réservées à l'usage privé du copiste et non destinées à une utilisation collective » et, d'autre part, sous réserve du nom de l'auteur et de la source, que les « analyses et les courtes citations justifiées par le caractère critique, polémique, pédagogique, scientifique ou d'information », toute représentation ou reproduction intégrale ou partielle, faite sans le consentement de l'auteur ou de ses ayants droit ou ayants cause, est illicite (article L. 122-4). Cette représentation ou reproduction, par quelque procédé que ce soit, constituerait donc une contrefaçon sanctionnée par les articles L. 335-2 et suivants du Code de la propriété intellectuelle.

Avant-propos

Ce recueil raconte la mort progressive d'un amour de vingt-quatre années. Amour déchiré et déchirant, à l'instar de tous les amours exceptionnelles.
Ces poèmes attendaient dans un coin d'ordinateur depuis près de vingt ans. Pourquoi aujourd'hui ? Parce que le passé est loin, parce que les circonstances, parce qu'il y a l'envie de leur donner vie et un avenir, quel qu'il soit. Parce que les poèmes n'ont de sens et de force et d'éternité que grâce aux personnes qui les découvrent, les lisent, les aiment ou non, se les approprient et les recréent.
Bonne lecture et bon vent à ce recueil.

Le cantique des venaisons
(2000)

À Gaby, ma source et ma déchirure,
en souvenir de souvenirs…

Contacts

Je rêve.
Que son clam contre mes cuisses rugisse à mort et me dévore corps et âme dans les clameurs de mon esprit engourdi par le cri des non-dits.
Que son cul s'épanouisse sur ses fesses joufflues d'Aphrodite charnelle et s'ouvre à l'intromission du nouveau-né, le mors au membre.
Je délire.

La vie est un cauchemar.
Un abîme sous mes pieds morts
où s'engouffrent mes regrets
de n'être à jamais qu'un être défait,
une distorsion vivante qui déforme
les regards et altère mes mots.
J'ai si peur de la vie à l'aube d'une vie naissante,
d'une mise en abyme de mes ultimes absences.
J'ai des rémanences d'outre-tombe, d'outre-vie,
d'outre-nous, d'outre-corps, de corps à cœur sans cœur,
j'ai des lueurs d'amour qu'effeuille l'horizon.
Si je n'étais que vacuité, silences insubmersibles
d'un buisson dénaturé, désarticulé par la nature
elle-même, par d'ardentes formes hiératiques
qui idéogrammment l'azur d'une calligraphie difforme,
une nature-morte ?
La vie est une sodomie
trépassée,
trépanée ?

Je rêve.
Être la cendre qui révulse et le bonheur qui convulse dans l'hyménée des contraires qui s'apparient à l'abri d'un gynécée incongru.
Avoir l'aval du corps là où l'esprit défaille devant les failles d'une vie qui préjuge tant d'elle-même qu'elle en oublie d'être et s'érige en post-partum.
Je délire.

Peter Beard

Des cadavres sous tous les angles, des charniers décharnés, décomposés, disloqués jusqu'à l'os de l'insupportable altérité. Fascination. Focale morbide. Chant funèbre où la mort est belle à défaut d'être agréable, où l'aléatoire est éternel et la douleur transcendante dans des rictus de vies consumées, des séismes d'éléphant fou à hurler. Et des filles salvatrices. Offertes en désert. Chairs vitales au cœur de l'aridité. Corps en damier, la vie est une nitescence en noir et blanc, l'union des contraires dans un entrelacs polychrome. La beauté n'est qu'une charogne en sursis. Et la mort une beauté en attente ? Le feu ronge le superflu en un brasier qui saccage les dernières illusions. Que suis-je derrière mon œil polisson et ascétique lorsque les ravages entrent en action ? Un pantin articulé par l'amour.
La vie est une sagacité.

Contorsions linéaires

À Michel Bouvier

Cul par-dessus tête
entrejambes ingambes pliures de gambettes
torsions de torse torsades de membres
dislocations élancées vers l'absolu
mouvements arrêtés suspendus à la grâce
de Dieu et du geste pur
du silence et des murmures
éblouis par les intrications de corps
intrigants l'indicible
beauté de femmes à la svelte souplesse
limpide comme leur nudité
portée par les grands écarts de la
vie

Le verbe s'est fait corps
calligraphie du sens
sens dessus-dessous
idéogramme de chair désossée
d'os à la chair insensée

et charnelle tellement charnelle
que le sens est sensuel et
éveille des contorsions de l'esprit
des distorsions de l'œil
appâté par ces apartés sublimes
et surréalistes que sont
les circonvolutions de l'espace
Corps

Japan flair

La vacuité du ciel
sous les cerisiers d'Honshu
le vide intemporel
d'un azur pérenne
qui nous emportera un jour
mon amour
dans un vol d'hirondelles
par-delà l'océan du temps
dissout à jamais
au cœur des poussières
d'âmes zen
Le vide nous inspire
des contes bridés d'humilité
le ciel est un no serti
d'intempérances et d'éternité
demain je t'aimerai encore
sous le kimono
du temps infini
mon amour

Miotte
ou
L'Oiseau de Feu

                    Étreintes incendiaires
            sous l'œil interdit par l'oracle
pictural
                                      qui l'éblouit dans une frénésie
de lumières
sur la toile écrue   crue comme la vie   qui mue et
se meut
avide
                    Ikebana de couleurs
au zénith du jaillissement
calligraphies somptueuses au confins d'une vérité où les nuances
s'entrelacent
                                      et s'entrechoquent
            dans une symphonie entoilée
par une toile écrue   crue comme la vie   qui mue
et se meurt
                                        éthérée
sous le joug de la beauté épurée.
Qu'est l'art ?   Un
regard réincarné ?
                       Recueillement.

Obi céleste

Zao Wou Ki dis-moi la vie
qui teinte de fulgurances les
lumières de l'âme les extases du silence
Dis-moi l'épure qui nuance le regard
surpris sur la ligne d'horizon
de tes chants picturaux de tes espaces envoûtants
contemplation
poème effervescent

Irradié et radieux face à tant d'acuité
de beauté absolue
Iridescences de l'esprit
Ta peinture afflue en vagues laiteuses
semence rouge bleue noire jaune
ta peinture m'entonne
Dis-moi la vie Zao Wou Ki

Baiser volage

Je le déplore très fort
mais je ne t'aime plus assez
pour ne pas te tromper
plein de regrets compassés
avec les plus doux de mes soupirants
les plus séduisants de tes délateurs
les plus beaux de mes séducteurs
les plus époustouflants de tes rivaux
                      tes baisers
par l'ourlet charnu de tes lèvres répandus sur ma bouche éperdue
                                    d'insatiables
                            encore

La chasse à courre dans la cour
de ta chair la chair de ton corps
le corps de tes entrailles
bataille
jeu de sang et de si
de mais et de mais
quand les je sont faits

la nuit recouvre le jour

Le chasseur est traqué par la biche aux aguets
le cor est acquis le cri est à quoi
ah la la c'est le hallali
sur le miroir de mes émois
de me voir me glace

si mâle membré dans ma psyché démembrée
honnir la barbaque qui dérape à l'orée de la sagesse
le plaisir est une paresse le désir une requête

le bonheur n'est-il que sfumato mon coco

La châsse accourt sur l'à-pic du verbe
le Verbe de ta Chair la chair de ton sérail
le sérail de ton engeance
silence
massacre d'ombres et de lumières
de doutes et de doutes
lorsque le nous s'apprivoise

seuls les sourds nous entendent

La fulguration de nos cœurs
                                 éclaire la pénombre de nos corps
La forêt de nos âmes disloque la raison en sursis d'elle-même
dans les ressacs du temps
                        les discordes de l'esprit
Je suis seul
anachorète avide de toi
anachronique vide de soi
                Narcisse s'empâte narcisse se déplume
la psyché reste en rade devant le miroir de la lune
la vie est une détumescence circonstanciée
                            un anus des annales
une homme un femme
et vice versa le bonheur est au verso
est-il censé être sensé
                je hais la censure mais j'appréhende la césure
la raison est une purée de purin infâme bien accroché
à l'âme excisée
           j'ai peur de désirer

Si j'étais un syndrome je serais un arbre à éléphants
mais je suis qu'un pogrom atavique
un ringard génétique
rien de bien tranchant
burceta lucullus
                branchez le fœtus
dans l'arbre à papillons
il s'envolera vers des cimes immarcescibles
clash cash
dans la pergola de nos amours
le plasma de la vie est trop anémié
paumoyer le cœur vers le sort ultime
afin que la paupérisation du bonheur ait un parfum de biguine

J'encule la pantomime des jours
que mon esprit s'ouvre sans rebours
j'ai les boules que l'autre en moi me chamboule
qu'il me riboule les acrostiches du corps
mes maux débandent sous l'afflux du verbe
l'être n'est qu'une suite d'affluents inertes
j'ai la verge prise d'une profonde mélancolie
où est l'ataraxie des sens lorsque le sens
                                      est en goguette

ma mie ma fée ma vie
mignote le sédiment de ma chair
et lève le levain qui appréhende la mixtion
le luffa s'interroge sur l'aptitude de l'érection
je me sens con
si con

Daguerréotype

Mouvement immobile. Instants tannés.
Séduction de l'esprit face à l'essence des choses. Panoramas. Paysages charnus, arides, luxuriants ou violents. Natures mortes, natures accortes, natures dénudées, vétustes ou lumineuses. Imago crescendo. En noir, blanc, gris, sépia ou arc-en-ciel. La vie en mat. Échec au temps. Mémoire insoluble.
Passion d'un corps dégénéré pour l'immanence vitale, l'imminente effervescence de la vie prise sur le fait et révélée par un virginal papier-réverbère. Ego transfert. Implacable miroir d'une beauté aléatoire ou d'une laideur irréfutable.
Réflexion. L'âme se réfléchit à elle-même.
Évasion d'un regard déployé sur un moment arrêté, épinglé tel un papillon par un œil avisé, un esprit nostalgique, un cœur dithyrambique, une âme exaltée. Voir, découvrir, sentir, pénétrer, éprouver. Et rêver. Se perdre, s'égarer, s'interroger, se nourrir, savourer, s'engouffrer, admirer. Et rêver, yeux ouverts sur ailleurs, sur autre chose. Encore et toujours donner à voir, montrer, démonter, dénoncer pour donner à penser, à troubler. À comprendre et à espérer. Quoi ?
Ambiguïté et grâce. Grâce de l'ambiguïté. Résonance du démiurge. Dissonance entre exhibition et création, provocation et démonstration, voyeurisme et esthétisme. Assonance d'un regard actif et d'un regard méditatif. Puissance de l'évocation et de la suggestion. Convocation des sens, échange d'émotions. Gros plan, plan large, zoom, macro, grand large, vision intime, regard ultime, nudité extrême. Exposition.
Dans la cage de mon corps, détenu de la vie, je voyage et je me cherche, je me traque et me dé-traque. Les clichés tombent à verse. Les bonheurs aussi. La vie est une illusion. Et des échos à la fantasmagorie illimitée. Des pieds de nez itou. Des vibrations indicibles sur les nues de nus ingénus et envoûtants. J'aime les appas crus, les cris purs et les crocs doux.
Je regarde et je me dilue.
Dans des végétations flamboyantes, des océans glauques, bleus, mordorés, flous ou embrumés, des embruns élégiaques. Des lacis boisés, des bois tortueux, des troncs couchés, des cours d'eau qui courent et bouillonnent et somnolent et bruinent en suspension. Des corps élancés, allongés, déployés, lovés, tressés, nus, dissolus, à demi-nus, faiblement nus, habillés à l'instar des stars ou du tout-venant, délicats, provocants, séduisants, excitants ou caressants comme des fleurs lascives, des ombres chinoises, une incantation absolue. Sortilège.
Phéromones visuelles. Uniques. Intime transition entre la prégnance du temps et la profondeur de l'espace. Le réel et l'irréel. Rivages.
Souriez ! Le zizi-panpan va sortir.
Clic-clac.

Je baiserais ses seins si je pouvais
je baiserais sa perle
je baiserais sa nuque
je la baiserais toute si je pouvais

La vie est un convoi de si et de mais
à l'orée de l'être
qui se nourrissent de manques et d'échecs
à défaut d'être

L'amour est une cohésion
sur le fil ténu de cœurs en fusion
je suis le limon de mon âme
le sang de sa flamme

Le bonheur est subversif
le malheur compulsif
mais que suis-je en vérité
sinon un litige en précarité

Je baiserais ses pépins si je pouvais
je baiserais son puits
je baiserais son cœur
je la baiserais pleine si mon corps voulait

Qui donc m'a cloué ainsi à moi-même
la désirer à hauteur de mes silences
la câliner sans craindre l'absence de finalité
qu'espère mon esprit si ce n'est la délivrance

Corps écorné charpente mortifère
la vie est un mystère bridé par l'influence
d'un mouvement à l'inertie latente
je suis le réceptacle de tes mains

je serais un Adonis si je pouvais
je serais un berger

je serais un fantasme
je ferais des miracles si je savais

Je baiserais tes rémanences si je pouvais
je baiserais tes rires
je baiserais tes pleurs
je baiserais ta connivence si je savais

Rouge jaune ocre
les feuillages flambent avec élégance
bleu blanc gris
la nature s'endort en apothéose

les paysages brûlent leurs ultimes calories

Rose carmin feu
la chair s'émeut en entrelacs cyan
laiteux ambré évanescent
l'âme palpite des arômes de douces amours

les cœurs enflamment leur subtile accointance en partance

Crémeux nacré lilas
la rondeur de tes fesses saumonées sur une voie nue
vert noir mauve
le désir est un jeu où s'entrecroisent les trémulations de nos sens

la finitude du plaisir est une conviction intime

Rouge orange vert
l'amour circule y a rien à faire
bleu blanc rouge
la liberté est à ceux qui se bougent tant et tant

Ma femme aux mains de velours
au corps de satin
voix de levain
émotions pures
ma femme aux sentiments adamantins
ô toi mon amour présent
mon bonheur futur
mon désir incertain
ma femme au regard d'airain
au cœur d'armoise
mon doux lendemain
le pétrin de mon devenir
toi qui me conspire
quand les maux me conspuent
je t'aime si mal je t'aime si bien
ma femme aux doigts de fée
aux sens envoûtants
à la bouche ensorcelée
ma mangrove ô ma mangrove
grouillant de vie
sous l'azur des chemins
je crèverais sans tes mains sans ton cœur sans tes yeux sans ta bouche sans ta chair
sans toi
mon intarissable émoi

Synchromie

Et ses seins si dispos et si doux
si beaux et si tendres
ses seins purs comme un azur de septembre
alanguis sous la flamme de mes yeux
ses seins mûrs de femme feu de femme fluide
qui épurent les horizons boursouflés du temps passé
ses seins de satin blanches colombes épanouies
aux becs pourprés qui picorent les saisons de l'aimé
ses astres à la grâce opaline à la saveur coquine
me bouleversent à la faveur d'un envol
d'un baiser de madone

Et ses lèvres pleines et juteuses
pudiques et malicieuses
ses lèvres enjouées d'oiseau blessé
happe la mélodie des sens tel un rapace
à l'esprit acéré par une solitude de révoltée
ses lèvres à la pulpe délectable
papillon léger aux ailes purpurines
qui se posent sur le bien-aimé en des caresses mutines
ses lèvres d'une volupté suprême
tissent des allégories du bonheur qui bécotent
l'amour en touches délicates d'effusions enivrées

D'elle

Et sa bouche si rieuse et si amère
posée sur le monde à l'envers les fadeurs du décor
en un fado désabusé par la pesanteur des cœurs
le poids du désarroi et les âpretés du bonheur
sa bouche rouge prune et rose lys
coulisse et s'immisce dans les interstices de la vie
en bulles de langage en boules de maux
en baisers de gorgones en fougues d'hétaïre
sa bouche aux accores accorts accoste
ma chair avec des mots en toast d'amour

Et son derrière callipyge et calendula
arrondi et harmonieux
telle la ligne de flottaison de son giron
son cul ô fesses d'organdi joufflues
par l'ivresse chaloupée de ses louanges d'Aphrodite
son postérieur aux rondeurs épicuriennes
qui exhalent des douceurs léonines
aux confins d'un espace rebondi
son arrière-train mène bon train
dans un train d'amour qui parcourt
les jardins d'un Babylone succulent
que dessinent des mains muettes
et la chaleur des ténèbres et le piment de l'interdit
lorsque la connivence rit

Et son corps si femme et si formes
galbes d'amphore étrusque
de naïade fauve qui feule la vie
à grands pas énergiques et dansants
son corps terrien au chœur plutonium
aux incandescences folles

alcool des jours à la nitescence
nocturne sensuelle comme
le mouvement de ses verticalités
son corps charnel et charnu
frôle l'horizon éperdu
de mon regard dénudé
par l'aisance de sa nudité
à la cimaise de son éclat

Et son sexe grenat et soie
éloquente mangrove
son sexe arpège mes lèvres
et langue mes soupirs
son sexe aile mes gourmandises
dans une brise aux bouquets ineffables
cantique profane qui profère l'extase
et tète le désir que nos mots proclament
son sexe langueur leste
bonheur preste fleur fluide
corolle humide cratère offert
à la lave suave de nos étreintes
ondoyantes et interrogatives

Et ses jambes si veloutées et si fermes
si pleines et si résolues
courent et discourent la vie
à grandes enjambées d'amour
ses jambes tissent la toile des jours
en accords majeurs et fourbues
ses jambes enserrent les ellipses de mon cœur
et les éclipses de mon corps
en chaloupés déhanchés ses jambes
cuisses pulpeuses aux inclinations infinies
genoux aux moelleux plis poplités
mollets affamés par la course du temps
pieds de gazelle à l'appétit de loup
ses jambes me poussent en elle
et me portent vers vous

Et ses mains de feu et de velours
brassent l'amour qui trace
et circule et se répand et s'étend

à l'âme en suspens aux sens en émoi
ses mains caressent le désir qui soupire
dans les coursives de nos pâmoisons
étreintes par la fenaison de nos collusions
ses mains pianotent la vie d'un doigté inouï
sur les touches désaccordées de l'absence
ses mains parlent et forment et inventent
le corpus de l'espace et le cursus du temps
en glissant sur l'auvent de mes mots

Et ses yeux si bleus et si profonds
agités par l'art de vivre et
perdus au tréfonds d'elle-même
ses yeux de biche aux aguets
de louve aux apprêts d'elfe
de félin aux appas affables
d'océan diablement consensuel
et pluriel bleus comme l'eau et le ciel
ses yeux me disent tant
de détresses et de bises tant
de bonheurs et de tendresses tant
de folies et de polissonneries
ses yeux sont la mort et la vie
la source de mes capitulations

Et son cœur de sang et d'ambre
bat sous le soleil de novembre
son cœur fulmine des blessures d'amours-tendres
dans le jardin de ses fleurs d'aimante affinée
son cœur s'emballe et s'emporte
s'exalte et s'exile et m'importe
plus que tout dans les faubourgs
de ses jours sans nuit de ses nuits sans retour
son cœur me fond et me confond
dans l'ample amble de ses virées ingambes
d'insoumise éprise
de vie

        Femme-torche femme-entorse femme-focale femme-fanal
          femme-lice femme-fleuve femme-source femme-zeste

Salgado

Humanité
dignité
beauté
misère
amour amour amour
âme our soul nous

Hors-cadre

À Loïs Greenfield

Suspensions sidérales
de corps sidérants
que l'objectif avale
d'un œil gourmand
      danses
partance pour l'apesanteur
quand la pesanteur m'enchaîne
dans les sérosités de la vie
la carcasse défaite d'aphonies
      danse
mouvements intenses
fluidité fusionnelle
gestes déliés qui planent
en envols sublimes d'âmes
      danses
élégances parfaites
pas chassés sauts carpés
carpe diem sur le requiem
de mes élans mort-nés
      danse
que j'aimerais danser sur le fil de ses pensées
virevolter entre ses bras tanguer avec mes joies

tanguer tango sur le dos de ma bosse
je ne danserai jamais
        danses
tempo duo solo
harmonie disloquée par la grâce
d'oiseaux de feu et de chair
que mon regard désespère de rejoindre
        danse
l'espace m'a englouti
dans les rets muets d'une vie
sans dense légèreté
où mes mots dansent à satiété

Hundertwasser
flüsse durch die Farben
Irinaland über dem Balkan
Ist ein Wunder für die Augen[1]
entrelacs de lignes désordres visuels
où l'œil se régale de la confusion des sens
débauche de couleurs ébauche de lueurs
en teintes de feu qui enflamment
les sens néophytes d'un éclat naïf
et singulier aux nuances
enfantines et fascinantes
Quelle est la source des cent eaux ?

Je suis comme l'eau
je glisse et je file
parmi les obstacles de mes maux
le galbe de ta peau
le contour de tes îles
je file et je m'écoule
entre l'aval de tes mots
sous l'afflux de mes houles

---

[1] Coule à travers les couleurs/Irinaland sur les Balkans/Est-ce un miracle pour les yeux

et sur l'aube qui s'écroule
la vie va à vau-l'eau
mais l'eau va où
à l'origine du bonheur
au fond du trou
au cœur de nous
la nuit enclot la fleur
je t'aime mon amour
l'eau coule et glisse
entre mes os gourds
je t'aime mon amour
ouvre à mon âme sa drisse

Mon corps lourd gourd sourd
mon corps pour
mon corps avec
mon corps sans
avec mon corps sans mouvements
sans mon corps avec un cœur
transi d'amour
l'espace a englouti le geste
figé par le temps et nourri
par les sentiments
je ne bouge que mes élans
d'amour et la verve du Verbe
difforme et décharné
par les astreintes d'un corps chaotique
qui ne vit que dans les lacis
de ta chair-volcan
l'espace m'enchaîne à moi-même
au joug du précaire
aux faix de guerres lasses
et le temps m'entraîne vers toi
qui me brasse
dans les strates de l'absolu
déchaîné

Elle gravelle l'opus majeur
de mon cœur entre les bémols
de mon corps et l'alpha de mes mots
le désir pervertit l'ennui sous la robe étoilée
du crépuscule
folles perversités de l'amour qui accourt et affole
les fourrées allègres d'un bonheur
gravide de nous

Elle sillonne les pamphlets du souvenir
entre soupirs et rires d'écume
lorsque ses pupilles s'allument dans le foyer
des rémanences futures
j'aime une femme qui plume
des rayons de lune
dans la pergola chahutée
de son âme bleutée
Une tête sans corps
qui aime encore et encore
un corps sans tempo ni remuement
qui tète jusqu'au sang
la vie sans parti-pris
comme la primevère je crève avant l'hiver
je n'ai que dédain et mépris
pour les revers d'un destin trop gris
j'aime les nuances et la fraîcheur de ses mains
Je suis une tête sans corps
qu'elle érige matin après matin
contre vents et chagrins
par monts et par rires
sous le soleil du devenir
le corps va à vau-l'eau quand la tête va à love
j'ai mal à moi-même
de n'être pas la lumière de son horizon
le corps de ses rêves
trêve de mots où est le Rio de mon âme
les regards me damnent d'ingratitudes
j'aimerais tant être sa certitude
je ne suis qu'un corps sans tête
que l'amour apprête

Le sein la main la bouche les lèvres les bras la peau le sexe l'anus les jambes et les yeux
des yeux de flammes pures de femme vive
d'affamée de vie de désirs inconciliables d'amour intempérant et de mort aux dents
l'idéal se consomme l'idéalité se consume entre ses bras blancs et ses maux dits
tout en elle est à la pointe du suprême au faîte de l'unique à l'orée du sismique
capharnaüm mon indicible capharnaüm d'amour
la proue de mes mots le sillon de mon nulle part le corps de mes rêves le son de mon essence
j'ai mal d'aimer
pourtant
l'amour est une épine délicieuse
entre les bras d'un capharnaüm séditieux et séduisant
mais où sont le cou la nuque le dos le ventre les fesses les cuisses les pieds et le reste
tout ce dont l'esprit rêve mais que le corps n'atteint pas
inaccessible à l'étreinte sans peine d'elle ni dépit de moi en dépit de tout
la lave gronde et lève la révolte qui sonde le tréfonds des cœurs
la raison perd le nord et déboussole l'âme
transcender l'impossible dans le cri des broussailles
mais comment
?
désolation
et
amour
toujours

Je l'aimerais nue
je l'aimerais crue
crudité craquante
sucrerie croquante
je suis par elle
je suis pour elle
je suis contre elle
je suis sous elle
je suis en elle
à tire d'ailes blessées

je ne suis qu'à elle
mais quelque chose m'en a privé
sans m'en couper

je l'aimerais en arrière
je l'aimerais en avant
mais le vent me l'a soufflée
un coup de cerf-volant me l'a emportée
dans un mirage de fumée blanche
comme la lividité d'un bonheur
vêtu en dimanche
je suis par elle
je suis pour elle
je suis contre elle
je suis sous elle
je suis en elle
je suis l'amphitryon des cœurs mort-nés
le Prométhée des salons désossés

je l'aimerais par-derrière
je l'aimerais par-devant
tel un pygmalion déchu de soi-même
un myrmidon de basse-cour
de basse caste ou de basket
je suis par elle
je suis pour elle
je suis contre elle
je suis sous elle
je suis en elle
et le temps pourra tempêter tant qu'il voudra
je ne serais qu'à elle
le feu de mes cendres
là où couve un amour tendre
une passion intemporelle

Diaphane comme le sang d'une âme
qui pulse la clameur
d'un crépuscule
solaire
les tourments d'une femme
acculée à être Majuscule
faute d'avoir été commune
femme aux maux d'encre de Chine qui dessine
des arabesques adamantines
femme saisons
chaos d'hiver aux couleurs d'automne
chant de printemps aux saveurs d'été
femme de chair
que la chair a hurlée
dans le gouffre abyssal d'un amour
paradoxal
d'être trop déchirant
je t'aime ma déchirure
ma lumière partagée
l'amour est une souffrance
comme la moisson des blés
jour après jour notre horizon est fauché
par la lame d'une innommable vérité crue
que la raison aurait perdue
la détresse suinte par les pores de mes mots
amour le bonheur est aux abois
mais comment vivre sans toi
sans tes rires de joies
les nitescences de ton corps
la tendresse de tes yeux
COMMENT

J'ai un corps qui ne vit pas
une tête qui vit trop
un corps qui ne peut pas
une tête qui veut trop
de sexe masculin et de sens indistinct
un rien plein de tout
un tout fait de peu
je suis un immense chagrin d'amour
que l'amour a mûri et grandi
dans les tourments de la déchéance
je suis une terrible engeance
un deuil sans fin un don sans fond
je suis la mort suspendue au crochet de la vie
la vie qui bruine sur un handicap livide
j'ai mal à ma faim
où sont mes mains et mes caresses creuses
la vie est une gueuse un Cayenne à demeure
derrière les barreaux difformes d'un corps sidéré

Je crèverai sous les applaudissements
qu'il était grand qu'il était chaud
qu'il était éveillé et humain si humain
        malgré son tohu-bohu charnel
alors qu'il aurait tant voulu être un peu ordinaire
être à l'unisson de sa flamme
le feu de sa femme

trop de différence tue l'espoir
ne suis-je qu'un succédané de vie condamné
à pleurer sur ses sentiments
        sans bruit ni larme
que m'importe les nues je crève dans le purgatoire
qui me déclame alors que je rêve d'un nu
aux allures d'encensoir

je crèverai debout sous le firmament
de n'avoir été ni un amant idéal ni un bel avenir
de n'avoir été qu'un poids source de soupirs

        dans le cloaque de mon impotence
qui veut entendre mes silences d'outre-chose
les apnées de la bête digne
de mourir entre ses bras

                    pour mieux renaître à soi ?

Fuir le mouroir d'un regard standard
quitter la défroque du bagnard perpétuel
et plonger à perdre haleine dans les évents de
ma belle   les échos de sa ritournelle passionnée
passionnément volcanique jusqu'à ébullition des émotions
j'ai l'esprit ébouillanté d'aimer
une femme à la vie ailée et à la chair déchirée
je suis une voie sans issue   j'ai un corps sans espoir
une tête plantée sur un éteignoir vomitif
comment vivre avec la folie de l'irrémissible
l'inéluctable me poursuit aux quatre coins d'une vie sans répit
ne suis-je qu'une bête traquée par son destin
et les tournants de la Belle au corps hurlant
je ne peux espérer qu'un peu plus d'altérités   d'ingratitudes
n'y a-t-il que la mort pour me délivrer d'avoir espéré
d'avoir voulu croire malgré tout
mais mourir pourquoi   mourir pour qui   qui s'en
soucie
faut-il vouloir aimer l'impossible
je suis deux en un mais je ne suis pas un cadeau
qui suis-je
une chose peu enviable   un défi à soi-même
une ode à la vie pour qui a la force d'y croire
moi je l'ai égarée d'avoir trop cherché
je t'aime et après

L'eunuque de ces messieurs-dames a voulu s'envoyer en l'air
avec une hirondelle diaphane
un être de lumière et de flamme
trouver un brin de légèreté dans les échos d'une âme
les appas d'une femme verticale
déployé son horizon sur l'inespéré
croire qu'il n'était qu'une erreur de la nature
une erreur pas si grave après tout
puisqu'une hirondelle s'est posée contre son cou
lui a pris la main et le cœur
avant que ses ailes ne chancellent
devant cette erreur indélébile à force d'être trop débile
l'eunuque est fou l'eunuque n'est que malheur
qu'il reste dans son trou
et rêve en silence à l'intolérable absence
à l'abject différence
qu'il soit noble et lèche ses lésions
sans déranger la nation
pourtant l'eunuque a mal
il a des mots un cœur une tête et une flamme
comme l'hirondelle qui le proclame
avec un doux vague à l'âme
mais l'eunuque est un homme avant tout

L'enfer est ici-bas l'enfer est humain
je suis l'enfer fait homme
l'homme de travers qui fait peur aux sensés
le loup-garou à l'amour insensé
le tordu récalcitrant que les larmes brisent de l'intérieur
l'enfer est pavé de bons sentiments et le paradis peuplé d'illusions
j'aime un Eden exigeant   une tornade de questionnements
que l'évidence révolte dans l'éclat d'une aura dense

que faire d'une ruine qui encombre
que faire d'une importunité éprise
que faire d'une ardeur mal configurée
que faire d'une vie trop bridée
que faire d'un corps trop brimé

j'aime un cœur flamboyant que je désire intensément
j'aurais voulu être sa lumière mais je ne suis que sa nuit
un bonheur prohibé dans l'enfer qui m'a engendré
une épine chérie par l'Eden qui m'a porté
je suis le glas des fantaisies et des fantasmes usuels
la chair dégradée par une espérance trop cruelle
seule la mort peut nous unir à jamais
loin des ténèbres du temps et les lourdeurs de l'espace

mais en attendant ?
ai-je eu tort d'y croire ?

L'Amour m'engendre
l'amour me tue
je me sens perdu
je n'y crois pas
je n'y crois plus
j'ai si peur de te perdre
mon simoun d'amour
ma perle de lumière
mon insupportable fracas
tu étincelles de certitudes
angoissantes
pendant que je coule de doutes
délirants
je suis cet enfant
seul
dans un linceul blanc
entouré d'enfants souffrants
je suis cet homme
seul
dans un linceul blanc
au milieu d'esprits fuyants
je suis cet amant
seul
au cœur de sentiments déchirants
dis-moi que tu m'aimes
dis-moi que tu me désires
que je suis ta vie
comme tu es la mienne
et que mon corps n'est qu'un cri temporaire
dis-moi que tu es la douce plaine
de mon regard chancelant
de douleur et de démence
dis-moi que je suis fou
ô dis-moi que je suis fou

Épitaphe

Ci-gît un con
perclus d'illusions
lit-on sur les nuages
qui emportent les cendres de son image
dégénérée
sans pleurs ni éloges
juste des mots d'amour en guise de roses
puis l'oubli à jamais
pour qu'il meurt en paix
dans un silence sans apprêt

Rôtir vivant dans l'enfer virulent
d'un amour sanglant
et saigner des larmes de sirène
échouée dans les bras morts d'un corps inepte
les affres de l'amour infectent le bonheur
de purulences abjectes
lorsque l'amour devient un hurlement
lorsque la tendresse est sans issue
Infâme déchirure de l'inévitable rupture
je suis une entité vomie à moitié
l'amour a été vaincu brisé d'y avoir cru
notre horizon n'est plus que désolations
ruines de sentiments et d'émotions
décomposition de chairs et de sens
de désir en lambeaux
notre avenir s'est fracassé sur trop d'espoirs déçus
trop de bêtises et de vilenies
se séparer
que reste-t-il comme éventualité
que se séparer

un sourire triste au fond des yeux
et le cœur hébété d'avoir été lapidé
je vous hais si nous sommes cassés
je vous hais de me couper de mon amour
si ma lumière s'éteint si mon bonheur s'enfuit
je vous cracherai mon dépit
comme une opprobre de damné
que vous aurez condamné d'avoir aimé
Partir avant de se haïr avant qu'il soit trop tard
partir pour s'aimer encore un peu
et s'estimer toujours
partir la tête haute et sans regret

J'ai un chagrin d'abîme de décombres ultimes de présence vaine
d'haleine putride de mort humaine de déchéance inique et d'abandon blême
l'amour est gangrené il faut le couper trancher dans le vif sans pitié
quelle ineptie d'exister lorsqu'on est mal né et le cœur trop gourmand
mon regard se voile à l'idée de la perdre de vue ma vue se brise sur notre nuit
la vie n'est qu'un crépuscule absurde d'étoiles filantes oppressées par l'oubli
qui se soucie de mes sanglots qui se pose sur mes maux qui fera mon homélie
j'ai un chagrin fou une détresse de boue un dégoût de tout un ragoût flou
je dégueule un goût d'inachevé un cri de commotionné d'homme à l'agonie
les ténèbres m'engloutissent dans des borborygmes funèbres et flagellants
j'encombre l'espace je plombe le bonheur je ravage l'espoir
je suis un laminoir une hérésie sociale une gageure libidinale
l'apocalypse est à la porte
que le diable l'emporte
j'aimerais embrasser ses seins sa bouche et ses tourments j'aimerais l'embrasser toute mais je ne suis qu'un tas de vils emmerdements et de désenchantements crus
j'aimerais perdre la raison si ma raison d'être me déferre et me quitte à tout jamais

Je peine à vivre en homme libre
                                                    de soi-même
je peine à croire que mon corps
                                            n'est pas un anathème
j'ai peur de me prendre à bras-le-corps   j'ai peur de ma petite mort
                            Confusion et distorsion
pourtant je vis encore   pourtant j'aime toujours   pourtant je crois encore
                                pourtant j'espère toujours
mais j'espère quoi
        je ne suis pas si mal que ça dans ma vie à moi
            elle ne me pèse pas tant que ça ma différence de mauvais aloi
mais alors quoi
                            je n'ose pas rêver
je n'ose pas croire à la grandeur et à la beauté d'une irrationnelle existence
j'aimerais que des mains m'encensent   qu'elles fassent pleurer ma souffrance
            j'aimerais qu'elles glissent sur mes maux des caresses d'émaux
qu'elles bercent ma douleur qu'elles embrasent ma libido qu'elles rient mon cœur
j'ai peur de m'allumer
Cap Canaveral est en panne
la fusée flippe   et si la lune n'était qu'un flop
un gâchis sans retour   une saloperie de destin qui pend l'amour avec dédain
elle va me quitter ça ne fait pas un pli   mon cœur ne m'a jamais menti
à moins qu'il soit tellement en charpie qu'il ne sait plus lire les lignes de la vie
                                    qu'il délire comme un fou

tant pis
j'irai sur Pluton me payer une orgie d'uranium charnel
Mais je vous en supplie ne touchez pas à son honneur
elle m'a offert tant de bonheur
elle m'a donné tant de vie qu'après ma mort je ne serais que sa Lumière
et ne craignez pas pour votre quiétude
je sais taire mes cris meurtris
je suis un homme après tout
j'ai ma fierté   même au trou

Elle qui n'était que doutes et déchirements
maintenant elle étincelle de certitudes et d'avenir résolu
elle se déplisse résolument vers les nues
sans faire de sentiment elle va de l'avant
elle va vers où
elle s'en fout
le prince charmant ou le trou normand
la lumière tant attendue ou les ténèbres du révolu
elle s'en fout
l'enfer ne lui fait plus peur et le paradis non plus
à force d'avoir été une fleur mal aimée les épines l'ont blindée
elle s'en fout
elle est plutonienne après tout
le feu et la cendre dans un même flot
elle s'en fout
elle veut vivre avant tout
elle veut vivre malgré tout
et par-dessus tout
elle veut vivre
jusqu'au bout

Suis-je un sacrifié de l'amour
ou un initié de la vie
un apprenti de la liberté
sans bride ni a priori
ou un pis-aller peu appétissant
suis-je la victime d'un mépris
ou le récipiendaire du bonheur
un privilégié de l'humanité
qui se métamorphose
ou un déchet d'humain
qui se décompose

Je rêve d'être bercé de tendresse
je rêve qu'une femme apparaisse

comme par enchantement
une femme venue de nulle part
qui m'aimerait suffisamment
pour apaiser mes tourments
me dire que je peux être désiré
      malgré tout

Hôpital

Souvenez-vous de l'enfant blond
dans son lit blanc
l'enfant immaculé
que la vie a taché
d'un mal impotent
souvenez-vous de sa détresse silencieuse
dans un lit à barreaux
jaune caca d'oie
abandonné à soi
dans une cage de misère
souvenez-vous de ses souffrances solitaires
livré à lui-même et aux loups
dans un univers de sang et de froid
grelottant son désarroi
d'être coupé de père et mère
souvenez-vous de l'enfant lumière
jamais triste au-dehors
toujours las au-dedans
toujours en mal de bras autour du cou
cet enfant c'était moi
cette âme en peine pleine de joie
embastillé dans les griffes
d'insanes rabat-joie
j'ai ravalé ma détresse et payé mon écot
sans dire un mot
je suis un grand moi

Comme le désespoir un soleil noir
brille au-dessus de tes cheveux de feu
qui ondulent devant mes yeux peureux
ils ondulent tant et tant
de vie d'amour et de tourments
que le temps est à l'égarement
suis-je une virgule dans ton destin
ou le point d'exclamation de ton chemin
Amour   ineffable points de suspension
de mes jours indécis et pleins d'affection
il est dur de survivre à un sentiment de sursis
l'homme est un idiot au seuil de sa vie
et la femme est son bonheur brutal et ébloui
je t'aime ma brûlante lumière
mon implacable vérité
auprès de toi j'ai appris à exister
j'ai appris à me délester du crépuscule
et à me délecter d'un soleil noir
gorgé d'espoirs et de libertés

Et si mes yeux avaient des mains
et si mon cœur avait des bras

je caresse tes joues lactées de sourires épanouis et de larmes de vie
j'effleure tes lèvres pleines d'ecchymoses et de baisers enchanteurs
j'étreins ton corps d'amphore merveilleuse et végétale
je le cajole je le câline je passe mes mains sur ses lueurs d'opaline
je le chante de mes doigts drus je l'embaume de mes paumes nues
j'ourle tes seins de satin je les embrasse d'une ferveur d'airain
je les englobe je les émonde d'une bouche rouge et ronde
je glane l'échine j'affleure le ventre les reins et les flancs
je frôle et je baise les cuisses et la fleur au calice d'épices
puis mon désir se pose au creux de ton cou d'onagre
là où la peau a un goût de rose et de mots radieux
je te susurre que je t'aime que je n'aime que toi
je te mordille l'oreille et te murmure ma joie
le bonheur est sans nul pareil entre tes bras
tu me dis viens prends-moi dans tes rets
donne-moi le rire de nos chairs en émoi

donne-moi tout de nous tant de toi
et mon sexe ébloui s'est glissé dans la douce intimité
de notre tendre affinité
si je n'avais pas été une irréalité

Et si mes yeux avaient des mains
et si mon corps avait des bras
serais-je pour autant parfait
ou une illusion de farfadet
je ne suis qu'un grand dadais d'Amour
d'un amour jamais gagné jamais

Émasculez la bête
châtrez l'immonde ersatz humain
crucifié sur son lit comme une peau de chagrin
la Belle n'en peut plus de trop de gadin
elle ne désire plus ce corps
sans bras ni mains ni rien
qu'un cœur plein d'elle
et un esprit qui lui tend sa détresse d'amour
mais l'amour suffit-il pour sauver
l'amour

émasculez la bête
faites-en un chapon à déguster avec modération
il est sans lendemain
laissez-le sur son fumier de misère
la Belle n'est plus que dépits
elle n'en peut plus d'aimer
ce mâle perdu
cet homme en sursis
cette âme qui se débat dans ses cris
on achève bien les animaux estropiés
pourquoi pas les lambeaux de peau mutilés

Je n'ai pas de mains il est vrai
ni de bras pour toi rien pour enlacer tes peines et
tes désarrois ni pour caresser les émois de ta chair de vie
ô mon amour
faut-il désespérer pour aimer
faut-il souffrir d'être incomplet
j'ai mal j'ai peur de perdre notre complétude
mon cœur est une complainte
qui pleure l'ingratitude d'une ignoble existence
j'aimerais reposer ma déchéance
dans un havre de silences
je suis épuisé de grandir contraint et forcé
je n'ai pas demandé à venir
j'aimerais juste me blottir dans un peu de sérénité
j'aimerais poser mes valises aux pieds de ton âme exquise et blessée
je voudrais tant ne plus penser
qu'on me lobotomise pour n'être plus qu'un regard
un regard voué à ta présence
doux et absent à la fois
je n'ai pas de mains ni de bras
je ne serais jamais qu'un succédané à perpétuité
condamné à se résigner
au prix abject d'un bonheur
frelaté d'être dégénéré
Je suis las d'être grand et fort
quand elle dépérit près de moi
parce que je ne suis plus qu'un poids
pour son cœur brisé autant que broyé
qu'un dépit sans avenir un dégoût pourquoi pas
l'amour vous fait et vous défait avec la même intempérance
la même fulgurance oppressée
sais-tu seulement combien je t'aime
mon Esméralda
sais-tu seulement combien je crève
de vouloir n'être qu'à toi
je ne suis qu'un vulgaire crapaud que l'amour à fait sauter trop haut
serons-nous jamais la Pierre Philosophale de l'amour
l'alliage impossible de l'eau et de l'air
de contraires que tout désespère
parce que les corps sont trop rauques
et les esprits trop étroits
je vomis la vie qui me meurtrit sans répit

pourquoi est-elle partie avec moi
pourquoi tant de doutes et de déchirements
de rires et de certitudes pour en arriver là
pourquoi tant de mots sous ma plume qui touillent l'abcès
et se dissolvent dans l'indifférence du temps qui court
vers l'indigence d'un amour irrationnel
et d'un trépas que seul le glas délivrera de l'enclume
la vie n'est qu'une agonie
je suis las d'être grand et fort
le courage ne s'apprend pas il se subit
sauf entre tes bras

T'ai-je aimé pour te casser
et mortifier tes rêves d'émancipation
ne suis-je qu'une prison jusqu'à l'écœurement
le handicap abrase les plus beaux amours
les plus authentiques sentiments
vois-tu lorsque je t'affleure du regard
quelque chose en moi respire l'espoir
une petite joie d'outre-moi qui sautille tout contre toi
quelque chose qui ne nous détruira pas
malgré la douleur qui peine à nous faire vivre
quelque chose que la laideur des jours
n'atteindra pas dans l'âpreté de ses ténèbres
mais l'espoir s'étiole si vite sous les coups
de boutoir du désespoir
peut-être que le roseau n'est qu'un frêle chêne
égaré dans le cloaque des vicissitudes humaines
les sables mouvants d'une existence
sans réels lumières d'espérances

Hébétude
je ne suis qu'incertitudes hébétées
sonné par la résilience de l'amour
qui tricote les maux de nos esprits meurtris
je suis comme un enfant paumé
dans l'ouragan de ses sentiments noués
j'aime un cœur décapant
un volcan d'émotions qui fertilise l'âme
en éruptions ravageuses et flamboyantes
sans transiger sur la vérité qui nous proclame
j'aime un corps virulent
aux élans éclatants et aux larmes indurées
fait de chair sublime et de lumière sensuelle
qui peinent à trouver leur sérénité

Hébétude
elle m'a fait perdre tant de certitudes
n'ai-je été qu'un piètre aimant
un mécréant aveuglé par ses tourments
Dieu que j'ai mal de ne plus être désiré
ai-je tout cassé par immaturité
dites-moi que rien n'est irrémédiable
que nous connaîtrons encore des moments ineffables
dans les bras de nos corps guéris
dites-moi que le volcan tonnera encore
et que l'amour n'est jamais immunisé

Un soleil noir
glace mon esprit gris
comme le charbon au fond du puits
elle m'a donné la vie
telle une égérie d'amour
elle m'a donné l'amour
telle une accoucheuse de vie
or mes pensées sombrent
dans les coins d'ombre
d'une psyché blessée
par trop d'apnées le bonheur est transi
Le soleil noir
est-il sans rémission
le puits n'est-il qu'une illusion
je ne suis qu'interrogations
sous l'œil d'un soleil blanc
comme un deuil sanglant
et chaud comme un flamboyant
j'aime une Vénus aux allures d'aigle
dont le bec élague mes moindres défauts
avec les égards d'une tigresse sibérienne
et la sévérité d'une déesse éolienne
suis-je encore digne de son cœur

Que le Ciel peut être infernal
jusqu'où devrais-je supporter mon mal
l'amour n'est-il qu'une horrible meurtrissure
que me faudra-t-il encore endurer
pour lui prouver qu'elle est mon aimée
mon unique espérée
délivrez-moi de cette déchirure qui me broie
j'ai mal à hurler j'ai peur à crever
que va-t-on encore m'infliger
pour la mériter sans démériter
mon amour n'est qu'un blasphème
entre ses bras un anathème d'espoir
je ne sais plus qui croire
le Ciel est un enfer qui me démantèle
avec une cruauté ostentatoire
pourvu qu'elle m'aime malgré tout
je sais ce qui l'a cassée
mais moi qui me brisera
la mort ou mon esprit déchiqueté
pourvu que j'aie assez d'amour
pour ne pas nous fermer le chemin de la liberté
dans l'âpre champ des péripéties
d'un amour qui grandit en chancelant
le bonheur n'est-il qu'un cortège de sacrifices
expiatoires ou une cime inflexible

À mon Amour hirondelle

Ma gazelle cours vole
prends ton envol par-dessus les abîmes frivoles
transperce l'horizon de tes passions farandoles
et transgresse à tire-d'aile les raideurs amères
ô mon aigle de lumière
détrousse la brousse à tes trousses
et fleuris l'univers de ton cœur innocent
dans ta bouche la parole est de chair
tant tes mots sont des bulles de vitalité
nidées dans un écrin de sensualités
préserve-toi ma gazelle
des prédateurs d'âmes trop joyeuses
et d'esprits trop sagaces pour leur foi
la vie n'est qu'un requiem à proies
cours vole ma gazelle
je suis ton amoureux éternel
fou de ta course insolente
et de tes envolées gourmandes
qui brisent ma cage entre tes serres
      d'elfe sauvage
avide de vie pleine d'éclaircies
où plane l'envie d'aimer
      profondément

Offrande

Mon ange de feu
ma perle de nacre
que les convulsions du temps
ont régurgitée sur la plage de mes sentiments
mon cœur de sable
qui effeuille mon âme si frêle
et sarcle mon esprit à coups de sombres enfantements
mon étincelle d'Amour
qui propulse les mots en effervescences bleues
et compulse le sens en élégances camaïeux
mon essence fanal
toi qui m'as ouvert les yeux et dénoué les maux
avec la patience d'une brodeuse de flamme
mon écho intime
sans toi je serais une fin ultime
un cœur ébréché dans un champ de ruines
ô mon amour infini
dont les mains m'ont peu à peu modelé
en une eau-forte que ton Verbe a modulé
        je t'aime d'exister

La nuit enfante le jour
comme le temps mûrit l'amour
le bonheur est une ode au long cours
qui cultiverait la sève d'une lumière renouvelée
Sur la crête de nos cœurs faseyent des bourgeons de soi
je ne connais plus bel émoi que toi

Comment me pardonner

Je ne te mérite pas. Que de temps il m'aura fallu pour comprendre que je ne te mérite pas ! Une éternité. Une éternité à te blesser. Un tombereau de surdité. Et de jours à te labourer d'amour. Mon âme est prostrée de t'avoir si mal aimée. Sous l'éclat lucide et désabusé de ton cœur brisé, le crépuscule de ma conscience s'est enfin déchiré tels des lambeaux d'iniquités sur un atroce fracas de vérité. Comment reconstruire l'espérance sur les décombres d'un corps laminé par un désir mal appréhendé ? Je ne te mérite pas. Je ne suis plus que vains regrets et blême désolation. L'amour n'est-il qu'un ravage par omission ? Je croyais tant t'aimer et je n'ai plus que la désespérante impression d'avoir souillé la lumière de tes mots et les couleurs de ton affection.
Que sont mes vers pleins de flammes et de fleurs d'âme auprès des meurtrissures infligées par mon indigne organe ? Comment renaître de telles cendres ? Comment cautériser tant de douleurs ? T'ai-je aimé pour ton malheur ? Dis-moi qu'il reste une lueur dans les affres de nos inhumaines existences, dans les errances de nos apnées d'enfance.
Je ne te mérite pas, je le sais. Pourtant je n'aime que toi. Pourtant je ne vibre que dans le livre de ta voie. Ô laisse-moi te montrer que l'homme en moi n'est qu'un triste maladroit gorgé de tendresses et prêt à t'aimer par-dessus tout. Dis-moi que l'amour est plus grand que tout.

Indigne d'elle
l'homme sans ailes
se noie dans la venelle
de son amour grêle

Gâchis
l'amour n'est-il qu'un gâchis d'âcres illusions
une rose altière qui égratigne l'aimé
de ses velléités épineuses
aux premiers frimas venus
en écorchures d'aubes ensanglantées
un lierre qui trop embrasse et mal étreint
de sa glauque verve débordante

la beauté si singulière d'une rose trémière
en oppressant sa douce lumière
un coucou arrogant et revendicatif
qui confond présence et ingérence
dans le champ clos des amours dissonantes
entre une colombe et un vil cuculiforme

Gageure
l'amour n'est-il qu'une gageure pleine d'éruptions
les épousailles contre-nature du feu et du vent
dans la fournaise des cœurs attisés
par la valse des sentiments
et les embrasements d'un désir intempérant
la forge des sens façonnés entre le marteau
des âmes vacillantes et l'enclume du temps
aux confins de tourbillons émotionnels
qui ventent dans les entrelacs de lui et d'elle
une aubade si frêle qu'elle hésite constamment
entre une ritournelles de tendresses rieuses
et des complaintes de blessures malheureuses
que la vie tisse sous la fenêtre des jours

L'amour n'est pas que gâchis et gageure
c'est un regard qui enveloppe les lueurs
polychromes et adamantines d'âmes enfouies aux tréfonds
de circonvolutions éplorées et convulsées
c'est l'essence de l'être et la quintessence du devenir
dans le champ fluctuant et confus d'enfances mal aimées
qu'une terrifiante surdité a sacrifiées sur le billot
d'amours redondantes et intégristes
c'est un peu de velours satiné dans des jours rugueux
et des nuits pleines de désespoirs infinis
c'est une frêle brindille d'amour ballottée par les âcretés
de tempêtes émotionnelles qu'un démiurge sans états d'âmes
ferait souffler en d'incessantes rafales d'insanes ingratitudes
L'amour est l'unique lumière qui vaille d'être égrenée
dans les impitoyables gravats de nos précaires existences
                                      GAB
                                      ou
                          la douleur d'aimer

Elle pleure des sanglots de détresse
suinte des larmes de purulences indigentes
        Elle désespère de trop de malheurs
           de trop de déchirements
infects
elle bruine des ténèbres sans repère et des velléités pleines d'enfers
ses joues sont constellées de pluies d'âme brisée
pendant que ses yeux couleur d'océan aimant sont embués d'espérances écorchées
    pourquoi les êtres de Lumière sont-ils toujours ébouillantés
par leur singulière   vérité
Ne la laissez pas seule avec LUI
il détruira les échos de son univers
il ravagera la fraîcheur de notre amour
il souillera l'insolence de sa flamme
    Je me sens si impuissant à l'aimer
dans un espace dégénéré par trop d'adversités
et de souffrances sans issue ni recours
LUI n'est que la rigidité de mes atours
le miroir putride d'une réminiscence insipide qui ronge la beauté de nos audaces
    Que suis-je dans les décombres du mal-amour
le mal-aimant d'une mal-aimée à l'âge où les bourgeons happent la chaleur
      au cœur de leur éclat inné
   ô désespoir *de profundis* que lamine un désarroi noir sous les nues agitées
d'un avenir trépané par avance
    Je suis fatigué d'exister de travers
entre les déchirures d'une femme-lumière et les déchirements d'un corps atrophié
je me sens si écrasé par la détresse d'une tendresse desséchée
sous les brûlures conjuguées de blessures ineptes
et d'une solitude pleine de morgue et de hautaines simagrées
    Sa chair hurle des révoltes indurées
et pulse en moi des saveurs de voluptés
aux silences amers comme une ardeur pétrifiée par les frimas d'un amour égaré
Mon esprit n'est plus qu'une bouillie désolée
d'avoir posé un regard estropié sur une âme gorgée d'humanité

Ne la laissez pas seule avec LUI
il va salir nos sentiments
et nous livrer au charnier de la fatalité
il va nous faire échouer telles des épaves désincarnées sur les écueils
d'une aurore éteinte d'avoir trop espéré

        Qui suis-je pour l'avoir aimée
moi dont la lucidité a flanché à force de me sentir trop inhumain
        Qu'un amour empoté
qu'une femme a fait naître entre son cœur détonnant

Eldorado

L'Eldorado est un fardeau
une quête à contre-courant
ce n'est pas moi qu'elle repousse
c'est l'autre
ce rigide fagot difforme
d'os et de sang
mais l'autre c'est moi
pour le pire
jusqu'à la fin des temps

L'Eldorado est un fardeau
une quête à contre-courant
où la faim appelle la fin
d'un bonheur incertain
où l'ombre appelle la lumière
dans un bouillonnement de fer

L'Eldorado est un fardeau
une quête à contre-courant
que l'autre a fait dériver
vers des récifs de tourments
et d'iniques oppressions
mais l'autre c'est moi
qui traîne sous mes bras
cette encombrante portion
comme une pénitence de pestiféré

L'Eldorado est un fardeau
lorsque la Bête met la
Belle aux abois
la ployant sous le joug

d'une fascine d'amour
à contre-courant de sa quête

L'Eldorado est un fardeau
pour moi encombré d'un autre
pour elle anéantie par l'autre
et pour nous lassés de l'autre
une quête à contre-courant
vers un renoncement inadmissible
dont seul le Temps connaît la couleur
alors que nos esprits harassés de douleurs
halètent les vacuités sacrificielles du présent

L'Eldorado est un fardeau
qui mène à tous les océans
sur le fleuve Amour
lorsque la quête est à contre-courant

Naufrage

La vie est dure
quand l'amour est lourd
la mort est douce
quand l'amour est triste
les vautours se repaissent
de nos maux trop tus
les chacals se délectent
de nos espoirs perdus

L'éloignement me tue

Le désir se noue en nœud de boue
sous la voûte de ses seins
et la cambrure de ses reins
tout m'apparaît si vain
que je préfère crever
sous le faix de l'amour
plutôt que de m'étioler
dans la marge d'un bonheur trop gourd

Ma raison grésille des cris éperdus

J'ai trouvé la liberté au fond de tes yeux
j'ai trouvé la vérité dans tes océans bleus
j'ai rencontré le sens dans les flots de ta bouche
j'ai rencontré l'essence dans le creux de ta souche
mais que reste-t-il de nos espoirs bridés
et que ferons-nous de nos corps brimés
nous avons donné tant et tant
que la lassitude nous abat doucement
comme deux arbres entrelacés
dont les fruits trop blessés
à force d'avoir nourris un amour que le temps a meurtri
peu à peu tombent dans l'abîme d'un bonheur azyme
j'ai trouvé la liberté au fond de tes yeux
j'ai trouvé de l'or dans tes océans bleus
j'ai perçu le sens dans le miel de ta bouche
j'ai entr'aperçu l'essence au fond de ta couche
mais que nous reste-t-il aujourd'hui
de quelques jours sans pluie
et de nuits gavées de brumes
tu m'aimes comme un bonheur d'infortune
je t'aime comme une attente inopportune
dans le champ tourmenté d'un amour soleil
qui ne darde que des rayons d'épines
sur un horizon sans pareil

Où allons-nous mon abeille ?

Confluence

À Albert Strickler

Dans les vers du poète
se lit son âme à livre ouvert
la tienne est belle
comme la flamme d'une bougie
frêle et lumineuse
qui brille et vacille
sous le souffle des jours et
de l'amour

Poète
lisse ta plume d'ambre
et fais-moi encore entendre
tes mélancolies d'homme cendre
aux lueurs de sage aimant
qui faseyent dans la profondeur
légère et tendre
de ton âme mouvante
et coulent entre les mots
sous le pressoir inflexible du Temps

Mais le poète fait fi du temps
il n'a que des sentiments
qu'il sème à tous vents
comme un vol d'oiseaux migrateurs
que le hasard ou la nécessité
viennent déposer sur la margelle d'un cœur
à la page blanche et affamée
de l'âme d'un poète
égaré

Insupportable volupté inaccessible
de l'aimée couleur de saphir
aux appas de lumière tendre
qui révèle ses atours nus et sensuels
de femme gracile et belle si belle
sous l'auvent du clair-obscur
avant de se fondre dans la touffeur
du consensuel duvet nocturne
et de blottir sa chaleur pure
contre l'indicible douleur
d'être l'apnée involontaire d'une
insupportable volupté inaccessible

Manichéen

Lorsque la lumière se dérobe sous ses pas
l'esprit s'égare sans éclat
Blanc ou noir
c'est si facile de tout réduire
à sa plus triviale expression
quand l'insécurité rôde et ronge
l'argile de la raison
Noir ou blanc
l'être est sourd à la palette des nuances
que lui présente chaque respiration
alors que trancher
entre Bien et Mal
libère l'animal qui sommeille
dans l'homme en mal d'éveil
L'aveugle est prince
au royaume des évidences
et le sourd est roi
dans l'empire des certitudes
seul l'amour peut les déciller
seul l'amour peut les sublimer
Noir blanc gris bleu jaune ou vert
mon cœur s'est un jour ouvert
à la vindicte d'un amour
sans détour

Laisse la vie filer entre tes doigts
elle t'emmènera bien plus loin
que si tu la retiens entre tes mains
laisse-la vivre sans frein
elle t'ouvrira les portes d'un jardin
où chaque instant révélera l'infini
et chaque regard plongera dans le lit de la vie
laisse la vie filer entre tes doigts
elle te le rendra
en profusion

Création 2000

Et Dieu créa la Terre, et les plantes, et les dinosaures, et l'homme. Mais comme Dieu trouva la Terre trop plate, il la fit ronde. Et comme il trouva les plantes trop dissipées, il en fit des vergers luxurieux et des forêts luxuriantes. Et comme il trouva les dinosaures trop balourds, il en fit des fossiles. Et comme il trouva l'homme trop commun, il en fit un handicapé. Car Dieu ne savait pas trop ce qu'il voulait.

Mais Dieu vit que son handicapé était bien mal barré seul sur son fumier en fleurs, et qu'il serait bien en peine de lui prendre une côte pour en faire une Vénus afin d'alléger son labeur, tant il était suffisamment mal foutu ainsi. Il prit donc, sans faire le moindre sentiment, la queue d'un scorpion qui passait par là... et en façonna un sacré tempérament. Une créature de feu et de sang, un volcan de sentiments. Belle comme une rose pleine d'épines et lumineuse comme une étoile au firmament de son Royaume.

Et Dieu comprit qu'il n'était pas sorti de l'auberge avec une nature de cet acabit-là, qui ne serait pas forcément un cadeau pour le gringalet là en bas. Il se dit qu'il aurait mieux fait de prendre la queue d'une souris ou d'un lézard, mais c'était trop tard.

Aussi l'offrit-il en l'état au podagre tout content de trouver du répondant aussi pétulant sur son lit d'onagre, pensant qu'après tout ces deux-là n'avaient qu'à se démerder civilement, et basta ! S'il savait.

Dieu dans sa bonté profondément naïve créa l'union du malheur et du bonheur. Un malheur heureux et un bonheur malheureux. Partant, naquit la souffrance sous le bon auspice des opposés. Laideur et beauté, amour et détresse, enfermement et liberté, la vie ne fut plus qu'un ramassis de tout et de son contraire.

Ainsi fut engendrée l'imperfection sous l'égide d'un Démiurge qui avait oublié de faire sa purge avant d'intenter son projet hurluberlu, un peu comme une envie qui urge.

Et les deux amoureux dissonants vécurent cahin-caha, avec des hauts et des bas, des hauts faits et des bas-fonds, du soir au matin et de l'aube au crépuscule, sous des soleils d'infortunes et des orages brûlants, s'abreuvant de mots d'amour et de jours azymes faute de subsister de bras alertes et de tunes ultimes. Puisque, dans sa divine distraction, le Créatif hâtif avait aussi omis que l'argent ne fait peut-être pas le bonheur mais qu'il y contribue singulièrement. Surtout lorsqu'on n'a que deux bras pour faire les trois-huit et la lessive de l'aimant à longueur de sessions.

Voilà également comment la parole devint verbe, le verbe devint chair et la chair fut triste entre un tas d'air estropié et une nymphe d'eau lourde bavards comme une chorale de pivoines. Le mélange fut détonnant mais enfanta tout de même des bourgeons pétillants et des rires chancelants qui brillèrent avec intensité.

Moralité : mieux vaut un amour berzingue entre un corps anathème et une queue de scorpion, une connivence de Belle et de Bête perplexes qui se cherchent sous les nuages de leur affection, plutôt qu'une semaine chez Trigano à s'emmerder les pieds dans l'eau pendant que Dieu joue au tarot.

Et, avant de refaire le monde, il serait peut-être préférable de consulter les astres pour éviter certains désastres.

Car depuis le début des temps la vie est une calamité bien mal créée pour les enfants du bon Dieu.

Je suis le meilleur ami de l'homme…
avant le chien… ou après ?
Mais suis-je le meilleur compagnon de la femme…
avant la flamme… ou après ?
Dérive existentielle
lorsque la raison délire des soupirs anéantis
dégringolade sous l'azur
dans la panade des émotions
et la parade des rétentions
toujours le silence nous rattrape
toujours le non-dit nous satrape
il faut ouvrir les écoutilles de la vie
pour s'envoler vers les cimes du cœur
et lâcher les sentiments en bouquets
de paroles en fleurs
je suis le meilleur ennemi de moi-même…

avant la nuit… ou après ?
Mais suis-je le meilleur regard sur elle…
avant la joie… ou après ?
Ma raison sombre dans la confusion
d'un cloaque de meurtrissures
qui minent l'entendement
comme des ronces ou de l'ivraie
dans le fragile jardin de nos âmes
je suis un drôle de brouet
un blasphème au bonheur qui s'essouffle
et pleure ses purulences débiles
que le silence obnubile
j'ai si peur d'espérer que l'espoir
désespère de moi
je suis mon meilleur désarroi…

Une queue sans corps
c'est une vie qui n'a ni queue ni tête
des émotions et des sentiments
qui hurlent du fond de
leur cul-de-basse-fosse corporelle
Il vit   la belle affaire
mais au prix de quel enfer
il survit entre hier et demain
dans les relents de sa chair
Qui sait ses élans réprimés
et ses tendresses ravalées
jours après jours nuits après nuits
devant les ardeurs de l'aimée
et des voluptés infranchissables
Vivre est une douleur irréfragable
une violence sans honneur
où le courage n'est qu'un leurre
sans queue ni tête   Mon Amour

Priape meurt
dans l'agonie de ses virulences
consumé par l'incendie de ses illusions
l'homme honnit son apparence
il n'est plus que prostration
et déréliction d'engeance

La marée noire de ses blessures
suppure des sanglots purulents
de mauvais augures
j'ai perdu le sens de mon existence
dans les catacombes de mon inconscience
plus rien n'a de sens
sur le fil ténu de la raison
je ne suis plus que pantelant
devant les vestiges d'un être défait
d'avoir été enfermé dans sa différence
et bridé dans son intime vérité

Priape meurt
d'une sale mort de dégénéré
bras ballants et cœur en apnée
il pleure ce dont la vie l'a privé
des mains des pieds et un peu
de corps à bouger

Dieu pourquoi m'as-tu abandonné
dans un débris d'humanité
qui n'a que les mots pour enlacer
et les yeux pour caresser
pourquoi m'as-tu infligé
un amour en souffrance d'envols
sur la piste de désirs brimés
par la privation du spontané
pourquoi m'as-tu spolié
d'une part de moi-même
celle de l'alcool du geste
et des saveurs du toucher

Priape meurt
dans des convulsions de mâle atrophié
le temps est au deuil du mort-né
dans le sarcophage d'une vie alitée
sous le ramage d'un cœur éperdu
dont l'amour est inexorable

J'ai l'ego qui flatule
sous une canicule d'émotions posthumes
mourir à soi-même
pour mieux renaître à l'Autre
dans un Te deum d'enfer
qui grouille de maux larvaires
Narcisse est trivial dans le chenal
étroit de ses afflictions
mais être est un tel calvaire
que l'amour en perd ses repères
et que mûrir n'est qu'une suite de contritions

L'humain est ainsi fait
qu'il est toujours sourd
avant d'entendre… raison
son esprit est comme une chaussure
qu'on a un mal fou à dénouer
parce que la vie a trop serré les lacets de ses émotions
et son inconscient est comme un pied
confiné dans les remugles de pensées boiteuses
aux durillons indurés par d'importunes amours indigentes

La podologie de l'être
est une thérapie du devenir
mais comment marcher
lorsqu'on n'a jamais été debout
dans les fondements de son regard enlisé dans la boue
d'un cœur écorché par d'incessants croche-pieds
on vacille au-dessus du vide de ses silences meurtris
avec la douce folie d'un fildefériste de l'amour
suspendu à son âme telle une évidence d'homme

Ma poupée gigogne
gigote et cogne
dans les cordes d'une existence trop étriquée
pour satisfaire son goût de liberté
ma poupée gigogne
veut une vie de Gascogne
sous l'azur aléatoire de jours incertains
mais ostensiblement vrais et sereins
ma poupée gigogne
est comme les facettes d'un cristal
aussi indéfinissable qu'une aurore boréale
et singulière qu'un champ de primevères
ma poupée gigogne
est une constellation de sentiments
entre les ombres d'un temps intérieur
et les lumières de son espace mutant

Je suis révulsé d'être
un bout d'homme bête
qui tâtonne et tète
des goulées d'air cru
dans la rade de sa tête
éperdue et désolée
d'être la source et l'océan
d'une détresse d'aimante
brisée par le chaos
des sentiments et de l'amour
Je suis révulsé d'être
un amas d'homme dénaturé
entre les bras d'une Sylphe
déracinée par les tourmentes
de son être dévasté

L'amour est une Croix

Les ruines d'une vie
sanglotent des gravats d'amour
détruits par trop de mépris
Décombres de femme
délicate et douce
comme du miel d'acacia
sous une langue de paria
Les pénombres retentissent
de larmes d'ombres
que des désespoirs engloutissent
sous des flots de douleurs sans nombre
Et je suis las d'être là
à écouter impuissant
cet accablement sans fond qui pleure
sous une couette de malheur
Le cœur est en berne lorsque l'esprit
est à la dérive de soi
la vie n'est-elle qu'une désolante
abomination d'amour et de désarrois
Comment croire que je t'aime
dans un tel décours d'espoirs
et de sentiments écartelés
Pourtant ma si belle souffrance
tu es l'unique sens de mes jours
et mon étoile Polaire sans détour
Mais que pèsent mes mots
face au poids de ta détresse
que sont mes tendresses
face au puits de ta sagesse
Et quel pire supplice que celui de regretter
d'avoir osé
                    t'AIMER

À longueur de vie
on meurtrit par inadvertance
le cœur de ceux qu'on chérit
avec tant d'effervescences
l'amour est la plus belle
source de souffrances
le plus beau champ de fleurs
en pleurs du fait de relents
sortis des séismes de l'enfance

Je t'ai tant blessée par amour
que l'amour ne semble qu'un acte
de foi aussi piètre que creux
alors qu'il est aussi sincère
que l'aube ou le crépuscule
qui posent leurs flamboiements
sur les rudesses de la Terre
je t'aime de m'avoir supporté
et je m'abhorre de t'avoir affligée

Mais que l'amour est dérisoire
dans sa grandeur sans gloire
mais que l'amour est lumineux
dans son humble aveu
je suis le pendard de ton cœur
et l'écho maladroit de tes yeux
nourri par une seule certitude
JE T'AIME MA FINITUDE

Quelle est cette femme-tourments
qui fertilise les ventres arides
de femmes désespérant
de combler leur vide
quel est cet être de chair et de sang
qui rend les âmes gravides
par le seul chant désespérément humain
de son doux esprit-levain
quelle est cette profonde déchirure
qui guérit les blessures de son prochain
en quelques regards infinis
et des potions d'amour qui sourit
quel est ce désespoir humide
qui pleure son existence
et donne la vie sans compter
par le sens du cœur et le feu de l'être
quelle cette lumière virulente et déchirée
qui est à la croisée de son chemin
entre deux choix d'humanité et
une solitude à éclairer d'une seule vérité
    l'unique la vraie   LA SIENNE

Je ne suis pas un amant
je ne suis qu'un aimant
à son corps défendant
que la vie a privée de ses élans
d'amant aimant
je ne suis que l'écho aphone
d'une présence atone
le débris corporel d'une âme charnelle
qui s'interroge et chancelle
de ne pouvoir être
qu'un aimant amant
frustré de cette fulgurante étincelle
qui transporte les cœurs lascifs
mus par leur normalité
de façade

Notre vie est une histoire d'amour
en vers et contre tout
en maux et malgré tout
dont le sens nous échappe
avant de nous rattraper
au détour d'une évidence
surgie du silence de nos cris d'absence
La vie est une rengaine de lambeaux affectifs
qui dégainent des haleines de blessures à vif
sous l'azur implacable de jours
aléatoires où suinte le mal-amour
de bonheurs désaccordés et restrictifs
Exister n'est qu'un passage
sans panacée ni ramage
où chacun cherche son brin de vérité
dans un verger d'âpre probité

Et nous sommes deux fétus d'âme
que le vent ne cesse d'arracher
à la quiétude de sentiments lénifiants
qui les allégeraient quelque peu
l'espace d'une respiration déliée
par un souffle de sérénité

Bienvenu en enfer
le paradis n'est pas d'ici
ni d'ailleurs peut-être
il n'est que la concaténation de nos désirs
intenses
de bonheurs chimériques
et d'un peu d'insouciance même passagère
Bienvenu en enfer
souffrir c'est toujours vivre
et vivre c'est d'abord souffrir
abreuvé par l'espoir
ardent
qu'un zeste de lumière viendra percer
les ténèbres d'une existence trop amère

J'ai un corps qu'est un boulet
j'ai deux mains qui servent à rien
j'ai deux pieds mais on s'en fout
et une tête qui sans cesse bout
qui suis-je
je suis une vie morbide
un ersatz de mort en vie
je suis une ellipse humaine
qui m'aime me suive
je ne m'aime plus
je suis trop perclus
d'être impotent à plein temps
d'avoir un corps en vain
des mains pour rien
des pieds radins
et une tête fatiguée de penser
une vie trop lourde à porter

Jubilant jubilé

Joyeux Noël
le cœur est à la dérive
et l'esprit chavire
mais joyeux Noël quand même
et bonne année au purgatoire
le bonheur est pavé de vœux pieux
et d'intentions creuses
à l'attention des désespérés de l'amour
et des assoiffés d'un peu de douceur
Dehors le vent hurle sa sombre colère
dedans deux âmes cherchent de la lumière

25 décembre 1999

La moisson des apprêts
(2002)

Petites liesses de tendresses
petites tresses de caresses
au fil ténu
                de nos âmes   du cœur   des corps
                                    encore
toujours   peut-être   jamais   si
le petit chat est gris
                      et que l'amour nous libère sans effort
                      de qui
                          de quoi
                      ?
                  Des poux

il y a les femmes et il y a elle
elle plus femme que femme
plus aile qu'elle
plus elle que femme
plus mystère que telle
il y a elle si belle
ritournelle harassée
que le temps a riblée
au feu de nos pensées

le cœur criblé d'amours
la chair accablée d'appétits
envoûtante de sveltes voluptés
offertes au clair-obscur de mon regard éteint
la nuit tombe sur nos gravats
gravides de vies évidées
elle si belle de nudité telle
que le tarmac de nos jours
effeuille notre altérité

branle-moi de haut en bas
de bas en haut de toi à moi
de moi à vous de vous à rien
quand le bât blesse mes émois
sur le fairway de nos ébats
mon alse pure
que rien n'a pu désœuvrer
branle-moi mon amour
néantise mes éclats
d'insipides accablements
qui aimeraient tant
t'étremper de bas en haut
de haut en bas de moi à toi
de toi à vous de vous à rien

Je grelotte comme un chien

Plus de certitudes plus d'espoirs
blues du soir
au matin chagrins
harmonica guitares
arnica dare-dare
plus d'espoirs plus de certitudes
hormis vivre sur le tard
et savourer la nuit noire
qui t'habille de satins d'ombres
ma sombre Lumière
plus de certitudes plus d'espoirs
elle m'a renvoyé à mes chères études
prélude à d'autres latitudes
à l'Amour Ultime peut-être
le long de ses galbes de platine
plus d'espoirs plus de certitudes
mais désespérer à en crever
les abcès d'un passé décomposé
avant de se brandiller l'âme
sur le fil chenu de la destinée

Ma mandoline au feu de bois
les loups sont aux abois
de la musique de tes ardeurs
de biche en fleur de catalpa
quant à moi je flatule
sur les quant-à-soi
des cancans de spatules
et les bonheurs aléatoires
qui m'acculent au désespoir
de grimoires anémiés
ma mandoline au feu de bois

Mon héroïne en taffetas
robe de chair et cœur zélé
langue mystère et sens à froid
je n'estime que ta lumière
je ne pense que tes émois
je n'espère que ton amour
tel un assoiffé qui n'aspire
qu'à un vers de sérénité

                        La grive givrée grelotte
            sur la grève gravide de grouses grillées
                              gris gras gros
                  un grand grivois grommelle
         de grumeleuses grossièretés et grêle
            de graves grolles la grive grugée
           avant de gravir la gravière grimée
                  de grippe-sous grippés

O le goût de son clam
que mon amour proclame
ô le goût de sa flamme
que mon désir réclame

aimer ce sexe de chair rose
avant que la fin ne s'interpose
dans la vacuole des élans brimés

aimer ce sexe
que le temps a tissé
comme une source comme une graine
comme une étoile où une plaine
à l'haleine fugace et pourléchée
le chérir le cueillir l'accueillir et le licher
pour mieux le séduire d'un amour incombé
à une ineffable Psyché

ô aimer ce sexe
dans la nuit niché
pauvre hère que le sens
a tant esseulé
sous l'écorce froissées
de nos perplexes baisers

aimer la femme
pour ses multiples vérités
les fulgurances de son âme
et la luxuriance de son intimité

mais l'aimer femme
non être fantasmé
sur des horizons dénaturés

Pan !
Ad patres
une balle dans la tête
mourir sans attendre d'avoir trop attendu
que la vie veuille bien tendre son lot d'organdi
sous les lambris délabrés d'étiolements
à flots tendus et bonheurs éperdus
Pan !
Te deum
sous un ciel qui suinte le *vacuum*
d'une existence dépourvue de tout-à-l'égout pour
dégobiller l'ivraie de *post-scriptum* à bout
à se demander où est l'amour
le désir d'espoir jamais à court de nous
Pan !
Flûte
la vie c'est pas si beau
après tout

Ersatz d'humain
sur le fil du rasoir
la nuit quand vient le soir
à l'amble du désespoir
un succédané
et rien d'autre
qu'une chair à vie
un cœur en lambeaux
et un peu d'éclaircies
par-ci par-là
pour faire plus vrai
peut-être

Avant

Je me tendais avide
dans le croupion des jours
le balane amidonné
de certitudes ostensibles
sensibles amours
sous le beffroi de nos émois
que le temps a révolus

Désormais

Je me tends à vide
contre la chaude biwa
de son fondement charnu
l'ode de son âme
qui entame un aksak d'amour
dans le cortège brimbalant
de vos frêles encours

Après

Je me tendrai évidé
des écots de la jeunesse
des lubies de la liesse
comme on tend une main
comme on ouvre son cœur
l'esprit échardé d'avoir tant œuvré
et le corps autonome d'exister

Impunité

Un champ à mouches
je suis
un hippodrome où
les muscidés se coursent
sans souci
ni répit
pattes folles sur chairs molles
impunément

le mort-vivant patient
se fait une raison
sur le perron de son lit
en attendant
qu'à leur tour
les anophèles s'y mettent
au soleil mourant
résolument

pas de quartier
pas de sentiment
Dieu me le rendra
sûrement

Fatigué d'être las
à quêter le la
de nos orées
fa si la vivre
sur le sol do ré
de notre livre

Les flaccidités du temps
dévisagent nos âges
sous le faix des ans
vivre
pour dépérir lentement
le corps festonné de rides et de tourments
le cœur raviné de regrets et de sentiments
puis mourir
buriné par l'acidité des jours
et la précarité des ardeurs
dans un ultime sursaut de lucidité

L'amour est une aune qui vieillit péniblement
dans la venelle des avachissements d'antan
qu'avalise l'écho de nos suints d'aimants
près de toi mon aimée
comme j'aimerais me sentir vieux et sage
éternellement

                        La plainte chuinte
                        de la sainte jointe
                        par l'étreinte feinte
                        de ses pintes de quintes
                        qui suintent sur la pointe
                        de ses vingt coloquintes
                        Mais l'absinthe tinte
                        dans la sainte adjointe
                        dont la contrainte est ointe
                        d'une teinte éteinte
                        par maintes astreintes

Ses mains sur mon corps
comme un souffle d'Angkor
chairs en peine cœurs en croix
que sont devenues nos amours
singulières nos tendresses trémières
où sont les praxies d'antan
qui tâtonnaient sous nos prémices lointaines
que serions-nous sans la gnosie de nos âmes devenus
le temps galope dans les saveurs
de nos sens rétifs où
l'esprit se cabre sous un alizé relatif
Ses mains sur mon corps
comme un souffle d'Angkor
un frisson d'espérance qui pantelle in vivo
dans les ténèbres alanguies de nos échos à vif
sous le drap se dessine une exquise allégorie
qu'il est doux d'allégir le poids des sentiments
lorsque l'obscurité irriguée profile un autre temps
et ta main qui chemine
telle une perspective de soie

Circulaire 1028

ou
L'exclusion est devant la porte

Je hais les villes
pavées de redondances
qui hoquettent les corps
sur d'horribles cours cahotants

Rompre une monotonie d'asphalte
pour mieux rompre les échines
les élus n'ont guère d'empathie
lorsqu'il s'agit de faire exquis

Je hais les villes
qui me gâchent les errances
au gré d'un roulis bercé
par une indifférence à la différence

Il est des bonheurs rédhibitoires
en ces mornes purgatoires
qui n'ont que les saveurs criardes
d'une sorte d'incurie ringarde

L'enfer est toujours pavé
de mauvaises intentions et
d'hypocrites omissions où
l'autre n'est qu'un pion

Je hais les villes
trop pleines de morgue
moi qui ne suis pas de marbre
mais de pulpe stigmatisée

Et si demain les circonstances
vous bringuebalaient sur
vos emphatiques ouvrages
que penseraient vos postérieurs

Neurasthénie

Il fait un temps d'outre-tombe
des nues acariâtres
plombent l'horizon
d'une humeur immonde
au-dehors le ciel est un linceul
en deuil de sa morosité
au-dedans notre amour est
au seuil de sa propre vérité
il trombe des tombes d'eau
sur les feuilles de mes mots
pendant que dans l'espace
un cafard grouille sous le capot

Torture

La vie est un supplice
de Tantale à Sisyphe
où mon corps aphone
n'est qu'une boîte de Pandore
que l'espérance harponne
à vif

J'ai l'âme à feu et à sang
d'un Prométhée dégressif
pris dans le tourbillon affriolant
de futiles égarements

Le bonheur n'est qu'un mythe
que l'amour nourrit allègrement
seule la sagesse
ouvre la porte aux vrais sentiments

Tu es trop belle pour moi
qui ne suis qu'une ébauche de toi

Ah ! Si j'étais un inia

elle est si belle
je suis si défait
elle est si sensuelle
je suis si insensé
elle a tout pour moi
je n'ai que des mots pour elle

aimer n'est-ce qu'une blessure
pour amants mal nés
être comment être
sur le fil de nos césures

Les inanités d'Inanni
anémient les aménités d'Amélie
à dada sur son bidet
à dodo sous le baudet
bien au chaud dans le baquet
le brandon dans le caquet
ses nénés en harmonie
la moule au bain-marie
et le baba tout ébahie
Les inanités d'Inanni
sont pleines de folles utopies
qui désolent la douce Amélie

Ma lumière bruine des sanglots d'ombres
des larmes clopinent sur ses pupilles sombres

Corrodée par les abcès de la survie
elle confine au fin fond de la pénombre

Vivre n'est qu'une hécatombe sans nombre

Ma lueur s'agglutine autour de la vie
mais la vie meurtrit ses moindres légèretés

Sa peine crie sous ses paupières bistrées
le bonheur hallucine d'avoir trop tardé

Ma lueur pleure des accablements salés

Je hais les blessures qui broient sa lumière
l'amour – ma lueur – n'est qu'un merveilleux enfer

Le vieil homme en chacun de nous doit mourir
il n'est que s'ébahir qui vaille pour mûrir

Baisoter sous la lune gravide de nos égarements
dans les épreintes tressautantes de nos sentiments
fricoter avec une chère désincarnée par des rites surannés
dans le baisodrome en friche de nos essoufflements

le désir n'est qu'une oasis éculée à trop s'en approcher

que sont les agapes nymphéales devenues quand
nos baisers éreintés n'en pouvaient plus

L'aube ondule sous les jupons du crépuscule
tout n'est que vacuité et rêves trépassés
j'ai mal d'aimer et d'avoir trop désiré
un bonheur aux illusions trépanées

la vie n'est qu'un foutoir à débander

Le vent dans le catalpa
et toi et moi
le vent dans le catalpa
caresse nos émois

L'horizon bruisse sous l'étourneau
et toi et moi
l'horizon bruisse sous l'étourneau
comme une soie

L'azur au clair de nos cœurs s'effile
et toi et moi
l'azur au clair de nos cœurs s'effile
sous les échos de ta voix

Mais l'éclat des saisons s'incruste
et toi et moi
mais l'éclat des saisons s'incruste
entre tes bras

Ton regard infiniment bleu
et toi et moi
ton regard infiniment bleu
irise ma joie

Après-demain peut-être
et toi et moi
après-demain peut-être
nous chérira

Le vent dans le catalpa
et toi et moi
le vent dans le catalpa
babille mon amour pour toi

Trinquer à coups de triques
dans le trictrac de la vie
pour troquer la trique contre un trac
traqué par la mélancolie
Triquer n'est qu'un vieux truc
sur l'avenue crue d'illusions foutraques
où le bonheur est intriqué
ailleurs que dans les nues

ô jouissances estropiées par l'or
des encas lestes et truqués
les crocs à cran dans la chair
hâlée de cuistres amers
que rien ne réjouit ni n'induit
Je n'ai plus qu'une envie : t'aimer
le corps sur la grève et le cœur sur tes lèvres

Au-delà de toi
au-delà de nous
les saisons s'égouttent
en un entrelacs de doutes

La cordée de nos voix
émonde nos âmes
dans un chuchotis d'émois
que notre amour déclame

Ô l'ardeur d'un regard
posé sur l'amour
il n'est rien de plus beau
qu'une femme qui accourt

Au-delà de moi
au-delà de tout
tout est au-delà de nous
par-delà nos goûts

J'aime les évidences surgi
de tes augures d'elfe épris

Goder sous la lune
dans la beauté de tes plumes
en étoffes de Chine
à la chair marine
goder l'horizon
de pliures d'ombres
dans la douce pénombre
d'un corps de novembre
goder sans s'étendre
sur l'aplat de nos cendres
et féconder l'amour
d'une lueur tendre

Koursk

Au fond de la mer
dans une boîte en fer
des vers de terre
vivent l'enfer
Au fond de la mer
de pauvres hères
en peau de terre
meurent sans air
Pleurez mères
la vie s'indiffère

Le cercueil vivant

Cercueil de chair
je grouille de vers

j'ai tant de vie en moi
qui le croit
tant d'amour concret
qui le sait
paradoxe humain
aux faubourgs de l'incertain

cercueil de chair
je grouille de terre

j'ai tant d'espoirs fous
au fond du trou
tant d'élans vifs
au bout de l'if
destin tortu
d'un chemin ému

cercueil de chair
je grouille de vert

j'ai le corps en charpie
et l'être en dépit
j'ai l'âme vagabonde
et le cœur à l'étroit
entre les quatre murs
d'une coque de joie

cercueil de chair
je grouille de vers

enlacez mes émois
je ne suis pas de bois
embrassez mes échos
je ne suis pas de vair
donnez-moi votre lumière
je vous convierai à mon destin

Sois

Pleurs sans larme
croix sans cri
j'ai faim de moi
j'ai faim de vie

Corps cœur vie
je ne suis que des jamais
qui s'entretoisent à l'avenant
jamais de doigts dans ses cheveux
de lèvres dans son cou
de main sur son sein
de caresses sur sa peau
de paume que vulve sa figue
de vie que valve ses sens
de pas dans l'herbe
de pieds dans la mer
d'élans à bras-le-corps

Corps cris d'amour
que le temps impulse de décours
plus jamais
peut-être
contempler les frissons du jour franger
les chairs câlines de la nuit
trouver l'essence ailleurs
dans les faubourgs pérennes du cœur
peut-être
plus jamais
unis par les échos de nos chairs
chagrines que l'ennui éteint et bruine
mais à jamais
portés par la vie
qui nous grandit

Liberté d'être

La louve met bas
le haut de son cœur
elle pousse elle ploie elle croit
à rebours du malheur
belle comme l'amour
fraîche rosée de tendresse
que l'aurore affleure de sagesse

libre la louve va
loin des feux rances
le cœur en partance
elle crée elle tend elle croît
dans des territoires Infinis
que ses doigts tissent de Soi

la louve love sans fracas
les jours qui discourent
et l'âme qui se déploie
sous l'égide d'une vie
gorgée d'arc-en-ciel

que suis-je pour elle ?

Partir
pour où
pour quand
partir seulement
aux quatre vents
de moi
l'aube du soi

Vie vide
comme le brou de mes rires
le temps s'égoutte autour de mes rides
en filets de doutes
l'âme en déroute
et mon amour entre tes bras

Anima

Âcre ombre de nos jours qui tombe sur nos amours
tel un soleil suinté

Ô naître d'une femme
de la Femme près de soi
pour naître au yin
qui respire en soi

apparaître à soi-même
et entrer en chair
comme on entre en joie
en fusion avec son terme

Ô unifié sa polarité
dans le champ désintégré
de nos discours sans tête
et se fondre dans le défi

Douce ombre de nos jours qui caressent nos amours
tel un soin ensoleillé

Grâce

Ses rides se creusent
en sillons d'amour
que patine le temps
d'une lumière d'âme

elle s'embellit dans l'âtre
des jours et s'encanaille
de tendresses au long cours
qui glissent par le sillon

d'une grâce d'aimée

Tableau 1

Feu
j'ai mal au feu
le soleil me barbouille les mots
mur de Chine
les blés m'illuminent dans un bouillonnement de sens
lumière de nos amours sur la toile d'un jour
mon cœur court à rebours
de pétales au vent
ô lettres de sang

15/12/2000

Noirs soupirs glissent vers l'azur
tel un cortège d'avenirs
en partance pour l'amour
deux corps se respirent
ils ont tant à se dire
deux regards s'inspirent
ils ont tant de sourires

Comment s'aimer
humain inhumain
entre les mains d'un chagrin.
Qui refuse tout apitoiement
toute plainte aussi obscure
qu'obsolète et désuète
Flânant sur un corps en chair
sous l'ovale d'une lumière
qui baigne un regard admiratif
Doux amour festif
et si trouver le sens
c'était s'enfanter

Belle
depuis si longtemps
depuis nos premiers élans
dans le clair-obscur de nos échos phares
tellement belle
sous l'auvent de mes yeux
Si tu savais ma sorcière
comme ton corps m'ensorcelle
vingt ans que je m'émerveille devant ta grâce
de civelle à chair ritournelle
vingt ans que je t'habille nue
de mes tendresses d'organdi et de blé mûr
Et tes seins de velours tes beaux seins si bons
sous la cannelle de mon regard brumeux
prennent des poses de flammes roses
ou d'ondées bleues qui me laissent sans mots
au saut de la nuit aux pieds de ton cœur

Instant de l'instinct
aux assises du temps
instinct de l'instant
au temps de nos assises

l'ombre plisse une ride ajourée
sur le front de l'amour

la lumière crisse dans la ronde
des jours qui expirent le désir

l'amour de la chair
les jours de chaos n'est pas
la chair de l'amour
dans le chaos des jours

tant de verges rogues qui jappent
avides dans des gouffres rauques

loin de la jouissance du créer
que le Don recrée au foyer des cœurs

Tableau 2

L'océan beugle dans la verdure des jours
des cris aphones écrasés d'amour

un merle babille sur le rebord d'un cœur
les balbutiements d'un âtre bonheur

couleur des sens à rebours des corps
qu'un pas de danse met en accord

sombres soubresauts de nos âmes
qu'une lumière blafarde proclame

l'esprit s'enflamme le brandon s'éteint…

24/01/2001

Grandir dans les yeux d'une femme
mourir dans ceux de sa mère
et rire dans ceux de sa fille

Que l'homme s'humanise
en lui-même
d'un amour à claire-voie

Marécage

J'ai faim de toi
et peur d'elle

peur que je ploie sous le poids de ses ailes
peur d'une sagesse de geôle en émoi
dont la chair lige s'érige et me noie
peur que l'amour me nivelle
dans une attente qui n'est pas moi
qui n'est pas nous

mais
j'ai faim de toi

faim d'une femme sauvage
qui brasse la vie et brise les mors
faim d'un homme sans apprêt
d'un élan hirondelle qui se glisse en moi
faim de fugues à figue éperdue
loin d'elle et si proche de toi

Les meurtrissures d'un arbre suppurent de vies insoupçonnées
beautés abstraites qui jouent avec les sens pour déjouer les maux
               d'un aubier more d'amour
       je suis l'abstraction de son cœur
étendu
corps décharné ailes brisées et serres rabougries
je contemple parfois avec désarroi
la disgrâce d'une humanitude broyée
sans autre latitude qu'aimer

                     Rien n'est grave
                  Si ce n'est ne pas être
                  Mais être est si ardu
                  Sur les ardents charbons
                  Des éclosions d'une vie

Rien n'est si écrasant qu'un amour qui se méconnaît
préjugeant de projections tellement affectueuses
– tel un liseron enlaçant un buisson ardent –
qu'elles enferment la lumière de l'oued dans l'ombre
d'un reg que la mutité des maux a pétrifié
Aimer est une quête dans le désert de cœurs en friche
qui s'étanchent sur les lèvres gercées des jours
et des nuits en mal de rires et d'amour
comme des enfants malmenés par la raison

Un homme aux abois de soi
une femme en belle d'elle
Transhumains au long cours
en transhumance d'amour
sur le tarmac de leur cœur
à l'orée de leur langueur
Lumière câline qu'un tango mutin
auréole d'un corps à l'éclat ondin
et que la nuit vient couvrir
d'un satin de soupirs

j'ai peur d'y croire
de peur d'en mourir…

Remue-ménage

Boum crac
tac tic toc
plouf clac
doux bruits qui broient les oreilles
d'un remous sans pareil
sous la férule d'une abeille sismique
Blâm clic
plaf splash cling
flop schlack
elle claque plaque craque
croque traque brique et braque
la poussière qui vocifère
Bada bing patatras
patati patata ding
deng dong
suis-je donc dingue
dans le donjon forcené
où badaboum fait son
Big-bang

J'écrirai un autre jour… quand l'abeille sera au repos
et que le silence abasourdira mes mots

Mélancolie
au lit de mes maux
au creux de tes reins
au fond de nos échos
mélancolie
sortie poissée
dans une trouée sans issue
clair hier
sombre aujourd'hui
l'esprit chuinte
une vie étreinte
d'être éreintée

Joie

Oser
être
soie
dans le fourreau de ton être
et fourré le paraître
de ton reflet
qui chavire et croît
vers l'au-delà
de moi

je ne suis pas toi

mais j'aimerais l'être
entre tes bras d'un doux aimant
de pur émoi

Autonomie

l'amour est manques

Inexorablement
nos rives s'éloignent
pour mieux s'atteindre
peut-être
dans le flot vital de nos vies qui s'écoulent
en un fleuve libéré
des entraves du mal-amour

Être soi
sans être l'autre
aimer sans se confondre
sans craindre de perdre la raison
d'être soi
auprès de l'autre
fossoyeur des manques et du vide

Franchir le pas de l'autonomie
malgré la peur qui noue l'esprit
et grandir à l'ombre du ciel
tels deux oiseaux ivres
de vivre à tire-d'aile
dans l'espace libre d'un amour
sans attente

Onctueuse douceur

Volupté de nuit
sommeil nourri
paire de cuisses
pédiluve de chair
cher délice
où mes pieds se glissent
pour dormir réjouis
au creux de la vie

Femmes qui me portez entre vos doigts de fées défaits et sous vos ailes d'anges déchus, imparfaites perfections du cœur qui accompagnez mon singulier malheur du bonheur d'être aimé par des femmes sans apprêt.
Après tout qu'est vivre ? Une ode chaotique que le rire effleure de sa lucidité.

Femme qui me porte depuis tant d'années, à bout de bras, à bout de force, que j'ai blessée d'amour, comblée d'attentes et tant estimée de m'avoir sevré de moi-même, le jour pointe sous la candeur des nuits d'oubli, le corps perclus et l'âme en charpie.
Mais qu'est aimer ? Un oxymoron de sentiments que les doutes effeuillent inexorablement.

J'ai l'esprit en marmelade de m'être trop pensé à ne plus pouvoir me porter, apporter, supporter. Je ploie sous l'étrave de l'être et patine dans les travées du temps, châtré par une chatière de mésamours si éculés qu'il y a prescription depuis toujours.

Femme qui me porte à bras-le-corps, à corps perdu, à coups d'humour sauvage et frais d'où jaillissent des phallus inconscients, qui renversent le désir avec une élégance de dame emplie d'affections indicibles.
Mais qu'est désirer ? Une onde alternative où les convergences divergent d'ardeurs.

Femmes qui me portez sous vos seins de brume humant mon humanité et vos cœurs de lune allaitant ma liberté, je ne sais comment vivre sans craindre de tomber dans l'abîme de mes sentiments. L'amour n'est qu'une mort de l'ego absolve.
Après tout qu'est mourir ? Une chute libératrice dans le vide du non-être.

Nostalgie
d'un temps où je n'étais rien
qu'un grain de poussière ou de folie
Nostalgie
d'une vie aux confins d'une amnésie intemporelle
que j'ai incarnée tant bien que mal
Je suis sans apprêt
et alors ?

Jamais ne te toucherai
jamais ne seras touchée par moi

mon humanité spoliée
ampute nos émois
et brise nos élans
d'êtres "aux mains coupées"

qui initie quoi
que sont nos bras
où vont nos chairs
dans un amour qui fait corps

jamais ne te toucherai
jamais ne seras touchée par moi

Petite fée de la rue
catalogue pour cœurs perdus
et queues voraces
princesse déchue
qui arpente la nuit
d'un pas désespéré
de n'être qu'un trou en un
dans un parcours sans âme
ni amour humain

Le laid déborde
de sa casserole difforme
et coule avec grâce
en un flot d'amour
qui se répand et
se dilue dans le lit
incertain des jours

La fenaison des écorchés
(2002)

O délicieux brûlot
que le contact soyeux
de sa toison brune
contre mon clair de lune
dans l'enlacement fortuit
d'un mouvement nocturne
O baiser charnu
d'une chaleur éperdue
que son encrier dodu
autour de ma plume à la dérive
sous l'espace livide d'une couette morbide
éclat de rêve dans un cauchemar sans nuit
Il faut si peu pour calmer la clameur
si peu pour apaiser le malheur
juste une étreinte opportune

Que faire de ces bras-là
si las de ne pas exister
et de ces mains si vides de vie
mais si pleines d'émois
que l'émoi pleure entre les doigts inertes
d'un corps disloqué
qui n'apostrophe que des regards apitoyés

Comment s'appartenir
se parcourir d'aval en amont
et découvrir les mystères de sa chair
de son altérité incarnée
sous la pulpe légère de ses brins décharnés
puisqu'ils sont morts avant que d'être nés à eux-mêmes
comment
quand on ne s'appartient pas
que son corps n'est pas totalement à soi
que son esprit ploie sous le poids de la dépendance
se sentir un être libéré

Onanisme à deux cœurs

Elle
me
prend
monte
descend
le long de mes sentiments
se coule
roule
le long de mes joules
pulsions
tensions
passion
le long de mes émotions
elle
me
muse
et
m'
Abruzzes
le long de mon écluse
me
grise
et
m'
extasie
le long de ma Papouasie
sensations
effusions
crescendo
le long de mon écho
Le temps est suspendu au rythme d'un cœur qui s'emballe et avale
les résurgences du corps en myriades de voluptés
le long de ma précarité
avant que ne fuse des flots de silences laiteux
qui giclent sur mes errances
comme un aveu d'impuissance
ou d'absence

À vot' bon cœur m'dame
encore une petite branlette
pour éjaculer mes vagues à l'âme
encore une petite giclée
pour évacuer mes états d'âme
le bourdon tendu par des sensations intenses
qui le portent vers sa péroraison ultime
j' suis harassé
las d' me vivre à moitié
alors que n' m'importe qu'aile

As-tu vu mon amour
les premières flétrissures
qui plissent ta peau
au détour d'un geste
ou d'un pli exténué

le prix de la vie
le poids des maux
Ô ridules du temps
qui froissent le sillage
de nos âges insensibles
à la dérive des jours

vieillir mon amour
dans la plénitude de nos oripeaux
la beauté de nos rivages
glisser lentement sous l'auvent
d'une sagesse égarée

laisser les ravines creuser nos corps
d'une altération inéluctable
rides irréfragables qui fripent le regard
sans le déchanter pour autant
nourri qu'il est par la certitude
d'un charme inaliénable

vieillir sans regret ni amertume
dans la douceur d'un crépuscule
les yeux dans les yeux
le cœur posé sur un horizon
où germe l'infini d'une vie

Et mourir en paix
Papillon épinglé
jamais te touchera
jamais te serrera dans le velours de ses bras
jamais ne caressera le velouté de ton visage
le moelleux de ta chair percluse d'outrages
papillon blessé
du matin au soir
de l'aube au crépuscule
te contemple à satiété
l'espoir en bandoulière
lorsque le corps capitule
et que la main a renoncé

Les mots butent
sur l'amour qui chute
dans les ronces du temps

Les maux s'essoufflent
et crissent terriblement
sur des jours chancelants

La nuit est grise
sous les étoiles

Je ne suis qu'oxymorons
dans le champ de ma résilience
ô faites taire ce silence

Je ne suis que désillusions
sous le joug de mes contingences
donnez du mou à mes errances

Le jour est blême
dans le soleil

Elle est si belle
malgré sa souffrance
je pleure ses aquarelles blanches

Elle est si pure
par-delà ses sanglots à vifs
le bonheur est-il putrescible dans les nues

Je suis éperdu
d'avoir tant crevé

Mythe

Comme Œdipe
claudiquant de sens en non-sens
une existence pleine de mal-entendus
dans un chaos de sentiments infirmes
qui n'affirment que leurs conflits
je suis le complexe de mes parents

Comme Héphaïstos
le corps démis de ses fonctions
d'appas rances et de circonstances
entre l'or et le faire savoir
dans la forge de sa vérité
je suis le lien qui noue et dénoue l'identité de vos regards

Comme Hermaphrodite
singulier et pluriel
semblable et incomparable
dans les bras d'une hétaïre blessée
que mes non-sexes ont oppressée
je suis le double de moi-même

Je suis le gymnosophe
de l'âme
le chantre de son corps
qui m'apostrophe
et me déclame à en crever
je suis le gymnosophe
de l'amour
le blâme de son cœur
qui m'interroge
et me proclame à en hurler

Sur la branche sciée
par une société compassée
elle pleure sa souffrance de m'aimer
elle pleure un chagrin de biche aux abois
l'amour n'est qu'une peine d'outre-toi
d'outre-nous d'outre-tout
l'amour n'est qu'un désespoir d'igloo
une douce illusion d'émois
où l'un dans l'autre s'égare et se cherche
jusqu'à l'ultime perche
jusqu'à l'aube d'un nouveau jour
qui se déclinerait sous de doux auspices
heureux d'être malgré vous
malgré tout

Encore et encore
ce corps d'amphore
se glisse sous mes mots
de ses échos d'aurore
et ne transige guère
avec mes rêves d'aimant

sens dessus sans dessous
mes élans d'amant
sens dessous sans dessus

dans l'œil de nos tourments
le cœur de nos cheminements
la force de nos sentiments

j'aime son âme virtuose
dans le sillage de l'amour en lambeaux
j'aime sa sensualité écorchée
par la profondeur d'un Absolu écorné
entre ses maux vivre est une douleur
pleine de lueurs et de vérités crues

Copuler sur nos errances
de déchirantes dissonances
la vie n'est qu'une absence
de consonances et de silence
la vie n'est qu'une destination
que le temps obstrue de nos illusions
Quitte ou double
tout ou rien
l'alternative bonheur se réduit à une peau de chagrin
Dis-moi que tu m'aimes encore
que nous sommes à l'orée de nos amours
que l'harmonie des dissemblances n'est pas vain
ni gorgée de résurgences amères
que le pire est derrière nous
et que le meilleur n'est qu'à venir
en lumières d'anathèmes et en trébuchements d'irrévérences
Copuler sur nos connivences
d'authentiques confluences
éperdus d'avoir trop pleurer
dans l'ombre de nos espoirs trépassés
la vie n'est qu'une parenthèse
entre la mort et la synthèse

Herb Ritts

Corps stylisés
de nacre ou de plâtre
corps en noir et blanc
aux galbes d'albâtre
statues de marbre épurées
par des postures hiératiques
statues de chair désincarnées
que Praxitèle auraient polies
d'une main à l'œil critique
corps intemporels
de clichés immuables
à la beauté éternelle
qui interroge l'altérité
et subjugue l'éphémère
pour mieux les interpeller

                    Seuls les visages ont une âme…

Erwin Blumenfeld

Ombres et lumières
beautés grillagées
ou voilées de mystères
trouble des miroirs
érotisant de charnelles chimères
charmes de la distorsion
de chairs rêvées déployées
dans l'œil d'un désir effervescent

Le nu est une abstraction
dont la focale se joue
en subtiles contorsions de l'esprit
faite d'ébullitions d'images

Ombres et lumières
hommages à une certaine pureté
dénudée de ses apparences

pour n'apparaître que sous le jeu
de l'évidence passionnée
d'un regard bandé par des appas
repensés car le corps est une illusion
une chimère précaire pour assoiffé

Qui se dissout dans les aléas
d'un temps corrodée par les
glissements de l'âge
sur la gymnosophie du périssable

La chair est aussi belle que triste
Le ciel rutile
au-dehors
de lueurs de printemps
le plafond est boursouflé
au-dedans
de nuages d'ennui
au-dehors de qui
au-dedans de quoi
je suis un arbre mort… de joie
qui étend ses bras avides… de toi
branches inertes effeuillées de vie
branches accortes privées d'oubli
je suis l'écorce de ses jours
la rugueuse apparence du bonheur
un bonheur sombre aux envols
de fado créole
de fadaises cruelles
qui coulent nos paroles
dans une liberté existentielle
d'amoureux séditieux
je suis l'écorce qui cache
l'arbre de nos amours

Egon Schiele

L'arbre mort
au bord du chemin
dessine la vie
sur des horizons de sursis
guetteur immobile et sage
qu'un temps décharné
a disloqué en une épure dépouillée

Psyché que n'as-tu adopté mon envers
dialogues d'âmes échos d'aurores
sur des narcisses fanés
de s'être trop écoutés
Cupidon que n'as-tu apaisé son endroit
l'Amour est âme par-dessus tout

Arbre d'automne qui bouge dans l'air
en un mouvement sédentaire et tortu
que la flamme fléchit pour émouvoir la vie
nonobstant la grisaille de l'éther
arbre rivé aux regards indifférents du temps
qui égrène la déchéance et la beauté
de ses branches inertes tendus vers l'éternité

Je suis l'arbre qui cache la forêt
d'une mort annoncée au confins de la vie

Si

Si tu étais bonheur
je serais lumière
si tu étais amour
je serais rivière
si tu étais saphir
je serais soupirs
si tu étais soupirs
je serais sanctuaire
si tu étais lumière
je serais amour
si tu étais rivière
je serais bonheur
et si tout n'était pas désillusions
nous serions en pâmoison
mais nous sommes en sédition
dans la fenaison de nos âmes   en partance   vers quelle substance ?

Déglingue

Raide carcasse clouée à elle-même
l'esprit ligoté à ses pensées anathèmes
qui s'ébattent dans une aire de vacuité
tel un oiseau dans une cage délétère
en vain
en rade
le regard posé sur l'horizon chétif
de ses mirages de libertés grégaires
corps exécré telle une imprécation blasphème
d'avoir trop été négligé par la ballade du destin

Dehors
de branches en branches
d'arbres en arbres
d'espaces en espaces
le chardonneret égaye le sillage céleste et floconneux
de son plumage pétillant et harmonieux

Bouger
le mouvement figé
de l'acteur captif d'une chair meurtrie
de se penser pour exister par-delà
son aléatoire vérité
alors qu'il aimerait tant voler vers elle
en toute autonomie
tel un chardonneret amoureux
qui gazouillerait les désarrois
d'un homme virtuel

chambre   lumière d'après
avant
      Le monde
avant
      L'amour
va et vient
monte et descend
hésite
attend
instants entre   les volets mi-clos
de nos âmes au galop
nuit et jour
ombres et lumières sont amants
éternellement
sous l'auvent   du temps
bras corps cœur
la vie est un leurre
chaud froid
la vie sexe ses émois
clopin-clopant
      je n'aime que toi
            Pourtant

Éteins la plainte qui geint sous l'étreinte des bras
du corps
    des yeux
        des rêves
            des illusions
                des passions

    du passé
du manque de rien de tout de nous de vous de moi d'elle de la futilité
du silence
éteins la plainte qui geint sous l'empreinte des ruminations
confusions
      infusions
          désirs
              soupirs
                  étouffements

égarements
chardon charbon chancre cendre décembre abîme abysses déréliction cris
du silence
          l'idéal
          est
          un
        enfermement
         qui nourrit
          la
    carence et le sentiment de privation

pré et lumière
terre de bruyère
bois de cèdre
buisson ardent
tout n'est que sentiment
rouge bleu vers
le blanc et le vert
noir jaune gris
vers l'oubli
tout n'est qu'émoi
pré et lumière
nous sommes l'endroit et l'envers
l'hiver et l'été de nos tribulations
légers comme l'air
ou lourds comme l'enfer
langues de feu
corps de marbre
regards bleus
horizons trop âcres
tout n'est que dérision
                    Et si nous nous aimions

séditions sous les latitudes nuit
frictions sous les longitudes jour
rompre la monotonie du temps qui court
pétition contre l'ennui
reddition face à l'insomnie
s'ouvrir à la vie pour se libérer de la mort
amour *amor amar* amer
émir aimant amarre-moi aux amants humant l'ineffable
vivre n'est qu'une fiction
une soap de vermicelles
et de choux de vaisselle
un brouet comme un autre
qui rassasie l'homme et le pou

Elle est
l'opium du peuple
qui peuple mes rêves
les plus fous les plus doux
elle est
le temps du songe
qui songe à l'éther
le plus dru le plus cru
elle est
le pouls du charme
qui charme mon âme
la plus pure la plus mûre

Tempête

Abattu par l'adversité
le roi est mort
couché sur le flanc
de tout son long
au bord d'un chemin
au travers d'un cours croupissant
ou les bras ployées d'un frère rescapé
dans toute sa majesté
le roi est mort
brisé dans son élan
pourtant il vit toujours
dans les faubourgs du printemps
sa ramure au vent
bourgeonne obstinément
perfusée par les ultimes goulées de sève
qui coulent sous l'écorce de son agonie de Sylphe
le roi s'en va
lentement
beau comme un seigneur déraciné
il sourit au ciel qui l'a nourri
et dessine des sumi-e sur l'horizon
impassible des saisons à venir

Handicapé
laver torcher gratter alimenter désaltérer habiller promener soigner lever coucher
mais désirer
comment désirer
ce qu'on
lave torche gratte alimente désaltère habille promène soigne lève couche
comment endurer ces contraintes
et vivre sans frein
un amour sans faim
que la vie affame
Handicapé
être lavé torché gratté alimenté désaltéré habillé promené soigné levé couché
mais désiré
comment se sentir désiré
alors qu'on est
lavé torché gratté alimenté désaltéré habillé promené soigné levé couché
comment tolérer ces contingences
et s'aimer sans fin
lorsqu'on est gâté
dans sa faim
                         La vie est une prison de vernis
           aux blessures rances   que l'amour panse   et que le désir élance
                                  en lancinantes
       jérémiades   que le silence alimente d'une fétide complaisance
                       Seul le vide mène l'Être

Chambre noire
révélateur
clichés bleus
corps sépia
ombres rouges
fixateur
fixation du désespoir
hurler la vie
asphyxie
l'air sature
sangle l'amour
le bonheur est sourd
chambre noire
pelliculée
de négatifs
à ne plus savoir
la vie s'est défilée
désir éteint
autant crever
dans l'isoloir

Danse
psyché
sur la vague des jours
chante
lumière
une élégie d'amour
la vie est un éloge au bonheur qui sourd
ô cœur soleil de l'univers
ô soleil cœur de la terre
ses baisers ont le goût de son âme
que le miel de ses lèvres dépose sur ma flamme
j'ai trouvé la source de l'été
aux abords de sa fertilité
l'amour n'est-il pas l'énoncé
de l'effet papillon :
qu'un sourire papillote
et un être chavire dans son enveloppe

Je t'aime si fort
plus fort que l'*amor*
plus fou que l'amour
vers quoi courent nos jours
vert comme la moisissure
sûre si sûre de la morsure
du vent du nord ou de l'est
preste si preste
lorsque le compte est à rebours
et les corps si gourds
j'ai l'âme qui plane dans le désarroi   tant pis pour moi   toi   ou vous
na !

Murs des lamentations

La vie
où va la vie
enserrée par quatre murs
indigestes indigents de gestes indigo
go home homozygote homophobe
où va la vie
qui fuit dans la suie des jours et des nuits
sans faim
l'âme s'étiole le temps s'envole
plus d'alcôve plus de bruit plus d'envie
que des pleurs intérieurs
qui roulent dans la boue des maux
en boules de plaintes infectes
psyché réveille-toi
la vie est là
sous tes pas

Mapplethorpe

Nu *noir*
rude rugueux
comme des mâles à poils
nus comme des vers noirs comme la joie
qui déclinent leur corpulente aspérité
en sèches poses sans charme
de corps phalliques
et intrigants
au *corpus* saturé d'un phallus pantelant

Noir ou blanc nus
les hommes ne sont pas des femmes
ils n'ont que la carrure d'une rustique apparence
à mettre dans la balance
d'une fade *grâce* pleine d'absences
la femme est tout
tout ce que n'est pas l'homme
que je suis !
hélas
Robert

Alcatraz

Sing-Sing
chante sous la pluie
d'un corps piteux dans sa chair
pénitentiaire
sans barreaux ni évasion
pris sous l'emprise d'un verdict
sans rémission
ni grâce présidentielle à l'horizon
angoisse de l'enfermement perpétuel

Cayenne pour oraison
et demain sans concession
pénitence
pour la beauté du geste
ranci par l'absence d'aisance
s'évader quand même
se libérer malgré tout
Psyché s'élance
vers vous
et se pose sur vos silences
d'un élan doux

Les seins bombent
le jour qui tombe
et retombe
le bonheur incombe
à l'amour qui surplombe
le désir bombé
par la bombance lactée
surgi de catacombes toilées
BOUM !

Prison de chair
d'esprit de tête
de rien de tout
de rien du tout
prison d'amour
d'âme pour
ou contre
contre qui contre quoi
angoisse d'être enfermé en soi
ainsi soit-il
alléluia
au jeu des semblants c'est qui perd gagne
tout n'est que quiproquos et confusions
tout n'est qu'insignifiance

Si nous volions
dans les vides de l'attente
ouverte aux quatre vents
de l'Être et de l'Amour

Corps transparent
transparence de l'âme
échos du cœur
cœur de femme
nue comme une fleur
translucide et diaphane
galbes de chair
que la chair proclame
attrait de feu
que les flammes trament
et la sensualité des mots
et la sensorialité de l'espace
qui planent en échos
ô vie suspendue à son envol
temps dilué dans ses paroles
posées sur deux seins
au goût d'oxymorons
que l'âge embellit
d'effeuillage en effeuillage
de baisers en alcool
dans une nudité absolue
sophisme de l'amour tropisme du désir
Je tremble comme un saule tortueux
à l'évocation du vent

Baiser

La langue fouille les mots de l'âme
touille la bouche ébahie de l'esprit
et se glisse dans les interstices
d'un amour surpris
lèvres éblouies chairs alanguies
le cœur en érection
bande ses émotions
torsades spirales
aval amont
valse effusions
embrasse la trace de nos élisions
dans un va-et-vient épris
de sa propre pénétration
pâmoison du temps et de l'espace
flash de libellules
doux opuscule sur l'entre-deux
entre nous dans l'antre-lèvres
de nos affinités

Carolyn Carlson song

Improviser les lignes
sauvage
solos de feux
éthérées
ondulations du corps
sur les fibrilles de la vie
vibrations de l'âme
par le fil délié
de la guitare
blue lady
vu d'ici
le passé est à venir
don't look back
vivre
n'attend pas

Sur la place Saint-Marc
les pigeons brassent l'horizon
d'une steppe déchaînée

Improviser l'immanence
en vagues transportées
grâce à des transcendances muées
par le karma et la présence
le cœur tambourine
des tourbillons impétueux
sous les flots évanescents
d'une pensée qui virevolte
comme une fleur
enracinée dans l'espace
libre
de mon regard improvisé
JE DANSE

Le faix de l'inéluctable
pèse tant sur nos appétences
ô que vienne fleurir l'espérance
dans le sillage de nos interrogations
que vienne le temps des rayons
à travers l'aube du sens
nous avons tant meurtri nos âmes
à gravir des chimères idéales à
contre-courant de nous
par peur du loup
et manque d'expérience
Être soi   sans fatalité
être nous   sans démériter
          mais être
          bon sang !

L'enfer
dès le lever des prunelles
aux encoignures du jour
les maux endormis par le sommeil
affluent en paquets de pensées affolantes
folie
elle l'aime plus que tout
mais rien ne va plus
tout fout le camp
tourments des amants délaissés
par la vitalité d'aimer malgré tout
nausée
d'une vie trop lourde à porter
dans les relents de regards compassés
par l'altérité d'une différence
engluée dans l'hypocrisie
nausée
de trop de souffrances
de trop d'indifférence
de trop de silences réprobateurs
fuyants fugaces ou ignorants

de trop de frustrations
l'enfer est pavé de bonnes intentions
et d'amours en perdition
mon Aimée sans illusion
Où allons-nous ?

Le poème doux à Line

Sur la dure digue
des doux dodelinements du jour
une femme frêle rêve d'amour
d'un brin de silence aux confins de l'absence
d'un peu de tendresse et de chaleur
sous un horizon sans feu ni cœur
les hommes fuient
les femmes courent
après leur mal-amour
l'âme en berne et le corps lourd
les opposés se cherchent
en corps à corps ternes
où le bonheur est sourd
Sur la digue dure si dure
d'une vie au long cours
une femme mêle ses rêves gourds
d'un peu de miel et de césures
d'un brin de dépits aux allures d'humour
mais *in extremis* la félicité désappointée
s'extasie irrésistible
sur l'orient d'un regard de velours

Je n'ai que des maux à dire
pourtant on m'admire
ignorant mes soupirs
loin de mes désirs
je n'ai que des mots à rire
pour ne pas pleurer
de trop crisser dans la bourrasque
des sentiments blessés
à nu à vif à sec
et paumés
dans des œillets de poète
des sédiments d'âme frelatée
par les tourments
trop de tourments sens dessus dessous
Du courage je m'en moque
d'être sage itou
j'aimerais être fou
pour vivre sans à-coups
et que vivent ses yeux doux
si doux dans les clairs obscurs d'un jour
sans larme sur sa joue
Je n'ai que des maux à dire…

Silence
oppression dressée
ne plus oser
désirer
se donner
silence
souffrance opprimée
d'être laminés
par l'absence innée
de se toucher
silence
élégance des maux
perclus d'ego
mal aimés sur le billot
d'une saignée d'amour
silence
raison transie
par les saisons
sans vie d'une prison
sans fond
silence
l'étançon du temps
décompte les larmes
de nos errances
avec indifférence
silence
on vit !

B.D. pastel

Elle et lui
aquarelle
pastel
délicats
vert et bleu
bleu et vert
elle et lui
indissociés
dans l'identité
plane
d'une aquatique
ritournelle
où elle et lui
s'ensorcellent
confondus
par les impromptus
pastel d'un dieu
éperdu d'
elle et lui
en un
fondu enchaîné
sur une esquisse
déchaînée
par l'apparence

la couleur a ses raisons…

Destinées

Comme deux bouchons
ballottés par la houle
le bonheur coule
des jours anémiés
l'amour perd pied
la vie est sans foi
qui es-tu toi
qui chavire mes émois
qui suis-je moi
que tout délite et noie
hormis toi qui m'habite
comme deux bouchons
portés par l'amour
nous ramons sur l'écot
de nos plus beaux atours
et nous brisons l'écho
de nos âpres débours
pour croire encore et toujours…
en nous !

Émois

Nenni nénés
tintin tétins
plus de poutous
à pas de loup
ni de grisous
au fond de nous
que des visions
du corps si bon
d'elle si belle
mais si lassée
de se blesser
continûment

aux épines
trop surannées
de mains liées
- par un destin
sans réelle pitié -
de se donner
indigemment
à une chair
pleine de sang
de vie sans vie
d'amour épris
de pénis gris
et d'envies crues
Nenni nénés
tintin tétins
plus rien ne vient
plus rien ne va
elle si belle
corps sublime
sublime nu
de mots écrus
belle impromptue
que me ris-tu
entre des bras
morbides
ivres de toi
si pleins de vous
femme et feu
aux galbes fous
au charme pur
de tendresses
azur et roux
tel un écu
d'or éperdu
de désirer
avec vertu
un peu d'amour
et de bonheur
entre des mains
de probité

Belle infiniment
sage profondément
vraie assurément
sensuelle intensément
et moi je me tends
vers les arpents
d'un firmament
convulsé par le temps
de nos émois d'antan
T'en souviens-tu
douce ingénue
sertie de vertus
et d'occultes avenues
pleines de sens et de rues
intimes et nues
comme un cœur perdu
dans l'onde drue
d'un bonheur déchu ?

L'arbre frémit
le ciel bruine
l'horizon jappe
mes mots s'agglutinent
quel est le verdict du
destin
destinée glauque
brume sénile
l'espoir décline
l'esbroufe s'incline
quel est le verdit du
festin
fastes pédoncules
flasques déchéances
chaque jour est
une virgule sans tain
quel est le verdict de nos
mains

La pluie égrène les feuilles
en trombes d'ombres bleu nuit
tambour aqueux
sur les jeux en demi-teintes
de mes pensées absentes
déchirées par l'ondée
qui ruisselle de tes yeux
telle une cascade blême
de malheurs hideux
que mes mains froissent
un peu plus
à chaque désolation
tambour battu
par le dépit

Sur un parchemin azuré, j'ai couché mon amour égaré de s'être trop donnée. Mais la feuille s'est envolée dans les frimas de l'été, les égarements de mes pensées. Où es-tu ma ferveur diluvienne, ma lumière chérie ? Ballade intime incognito au fond de mes tourments. Face au vestibule, le brandon vacille sous le poids des doutes et de prégnantes apnées. L'homme n'est rien, ou si peu, la femme est tout, ou presque, lorsqu'elle s'en donne les moyens. Les moyens de quoi ? D'exister là où je ploie ? Chant sombre. Infernale mélopée. Descente dans les décombres d'une angoissante vérité éreintée par le malheur d'aimer. Le vestibule assombri et le brandon éteint pleurent d'infinis chagrins. Est-ce cela l'agonie de la petite mort ? L'homme n'est rien, ou si peu, la femme est tout, ou presque, si elle suit son chemin. Le chemin de quoi ? L'horizon que je ne vois pas ? Au-dehors, le catalpa en fleur compose des idéogrammes d'ombres sur le sol où se perdent les pas. La vie est un appât pour âmes dans le désarroi, pour libellules estropiées par les gadins sans fin. La feuille envolée dans les brûlures de l'été, les convulsions de nos regards oppressés, se cherche entre Ciel et Terre, incertitudes et érosions. Déchirure. L'esprit se disloque en vingt mots : amour, doutes, désir, dépits, plaisir, soupirs, tendresse, contusions, sagesse, essoufflements, liberté, inégalités, sérénité, désespoirs, saveur, dégoûts, rire, pleurs, nourriture, nausées.
Le bonheur n'est-il qu'une utopie ?

À contre-jour
d'un corps
en point d'orgue
contrepoint
d'un amour
à contre-pied
je me contrefous
d'être
une contrefaçon
contrefaite
par les contraintes
de la nature
j'aimerais tant souffler un peu
Vie controversée
si bouleversée
par un corps
à contre-jour
d'un bonheur
en mal d'amour
en panne de nous
le crépuscule
se dévoile
sur une toile de chair
d'une pâleur sombre
alanguie sous la lumière
d'un petit matin
en une pose
d'étoile en satin rose
que mon regard décompose
j'aimerais tant souffler entre tes bras

désemparé
comme un arbre charnu
rayonnante ramure de vair
son corps nu
allonge la déconvenue
de mes rêves trop verts
empêtré
dans la pénombre
d'une vie sans vie
d'un amour sans pain
son corps nu
longe l'abîme de mes vers
désemparés
par la beauté échaudée
aux frimas pervers
d'une descente en enfer
qui nous fait échouer
sur nos corps nus
empêtrés
dans les amertumes
d'une existence chenue
qui galbe l'espérance
et l'accule à la désespérance
de nus sans corps
      perdus sous un bonheur sans chair

Mes mains
rabougries
au rude vent du temps qui passe
inéluctable et sauvage
sur des espoirs mal nés
sarments morts
d'avoir trop désespérés
d'une vie qui dessèche
les chairs mort-nées

dédain des ors sans fond

ô mon intouchable
qui m'a tant touché
l'amour est une souffrance
nourrie de manques et de rêves tronqués
l'amour nous a unis l'amour nous broie
le bonheur est un tourment
que l'existence ne cesse d'engendrer
sur le parvis de nos organes blessés
d'avoir tant donné et si peu reçu

dédain des ors sans fin

L'enclume du bonheur

Les foins foisonnent à pleins sillons
les blés frissonnent à fleur de peau
il faut glaner les champs du cœur
avant que   par malheur
la nuit ne fauche l'horizon
il faut ouvrir les vannes du mal
c'est la fenaison des oripeaux
la mélopée de tous nos maux
L'hirondelle fait les cent pas
dans le ciel de nos tracas

c'est la moisson des oulipo
au confins de nos échos
le soleil brûle nos émois
que la lune délave sans aplats
les foins frissonnent d'émotion
les blés s'inclinent sous l'oraison
c'est la fenaison des écorchés
la faim de tous nos mots

si je pouvais tendre mes mains
j'enlacerai vos chagrins
je sécherai vos larmes
je bercerai vos peines
l'amour est si peu
dans un monde inhumain
un brin d'humanité
au bord du chemin
un zeste d'égards
envers des regards égarés
l'amour est si peu
un don sans lendemain
une virgule un point
une parenthèse infinie
sur une vie ébaubie
c'est si peu et tant
au détour d'un gadin
si je pouvais tendre mes mains
je caresserai vos maux
je glanerai vos raisons
j'effacerai vos chagrins
l'amour c'est si peu
juste un brin de temps
offert au tout-venant
juste un doigt d'écoute
semé au fil du vent

Je t'aime

Du même auteur

Autobiographie
À *contre-courant*, 1ᵉ édition, Desclée de Brouwer, 1999. 2ᵉ éditions, Worms, Le Troubadour, 2005 (épuisé).
En dépit du bon sens : autobiographie d'un têtard à tuba, préface ONFRAY M., Noisy-sur École, L'Éveil Citoyen, 2015 (épuisé)

Poésie
Toi Émoi, Worms, Le Troubadour, 2004
Corps accord sur l'écume Worms, Le Troubadour, 2010
Ikebana effervescent, Worms, Le Troubadour, 2012
Le jeune homme et la mort, Worms, Le Troubadour, 2016
Les chemins d'Euterpe, Autoédition MN, 2018
Divins horizons, Autoédition MN, 2020
Récoltes verticales, 1999-2002, Marcel Nuss, 2018
Femmes libertés, Autoédition MN, 2021
Allègres mélancolies, Autoédition MN, 2021
Les foudres d'Éros, Autoédition MN, 2019
Sérénité, Autoédition MN, 2019
L'existentialisme précaire d'un têtard pensant, Marcel Nuss, 2018
Chroniques poétiques, Autoédition MN, 2021
Le quotidien des jours qui passent, Autoédition MN, 2020
Aveux de faiblesses, Autoédition MN, 2022

Essais
La présence à l'autre : Accompagner les personnes en situation de dépendance, 3ᵉ édition 2011, 2ᵉ édition 2008, 1ᵉ édition 2005, Paris, Dunod.
Former à l'accompagnement des personnes handicapées, éditions Dunod, 2007 (épuisé).
Oser accompagner avec empathie, préface COMTE-SPONVILLE A., Paris, Dunod, 2016
Je veux faire l'amour, Paris, Autrement, 1ᵉʳᵉ édition 2012, Autoédition, 2ᵉ édition 2019.
Je ne suis pas une apparence, Autoédition MN, 2021

Romans érotiques
Libertinage à Bel Amour, Noisy-sur-École, Tabou Éditions, 2014 (épuisé)
Les libertines, Paris, Chapitre.com, 2017 (épuisé)
Le crépuscule d'une libertine, Paris, Chapitre.com, 2018 (épuisé)

Réédition en version originale :
La trilogie d'Héloïse, Autoédition MN, 2021
    1 Con joint
    2 Con sidéré
    3 Con sensuel

Nouvelles
Cœurs de femmes, Paris, Éditions du Panthéon, 2020
Ruptures, Paris, Éditions Saint-Honoré, 2021
Incarnations lascives, Autoédition MN, 2021

Sous le pseudonyme de Mani Sarva
Horizons Ardents, Paris, Éditions Saint-Germain-des-Prés, 1990 (épuisé).
Divine Nature, prix de la ville de Colmar 1992, Éditions ACM, 1993 (épuisé).
Le cœur de la différence, préface JACQUARD A., Paris, L'Harmattan, 1997

Essais en collaboration avec :
COHIER-RAHBAN V. *L'identité de la personne « handicapée »*, Paris, Dunod, 2011
ANCET P. *Dialogue sur le handicap et l'altérité : ressemblance dans la différence*, Paris, Dunod, 2012

Essais dirigés par l'auteur
Handicaps et sexualités : le livre blanc, Paris, Dunod, 2008
Handicaps et accompagnement à la vie sensuelle et/ou sexuelle : plaidoyer en faveur d'une liberté !, Lyon, Chronique Sociale, 2017